寻根

ORIGIN

根

中原历史文化系列丛书

SERIES ON THE HISTORY
AND CULTURE OF
CENTRAL PLAINS

李鸿安◎著

中央民族大学出版社
China Minzu University Press

序 寻根

拨开五千年的风尘与迷雾，穿越五千年的沟壑与屏障，姓氏如一条神奇的纽带，维系着华夏民族的绵延。中华姓氏深深植根于中华宗族的土壤里，同姓同宗成为海内外华人亲情的永远。人皆有姓，有祖有宗，祖从何出，宗以何分，是海内外每一位华人永恒的求索，姓氏在潜意识中隐藏的生命气息，它是家族文化的回归。寻根是一种重新认识自己、重新审视自己、重新界定自己的一次人性的升华。

姓氏从人祖太伏羲氏「正姓氏，别婚姻」算起，发展了五千年，《百家姓》中有73个姓氏，本册选取50余姓。旨在寻其流、溯其源、讲故事、探祖迹、觅遗踪，一展条条多彩多姿的寻根之路。

目 录

篇

第一章　豫中姓氏春秋

寻根

壹 郑武公立郑姓

贰 韩王悲生韩姓

叁 高姓源禹州

肆 段叔生段姓

伍 冯城出冯姓

陆 许国生许姓

柒 谥号得康姓

捌 叶公定叶姓

玖 文姓根在许昌

郑武公立郑姓

1. 郑国的退路

西周第十位君王周厉王姬胡专制暴虐，倒行逆施，横征暴敛，使得朝政混乱。周厉王的儿子姬静即位后，是为周宣王。周宣王接受周厉王的教训，一上台就整顿朝政，使已衰落的周朝一时复兴，史称"宣王中兴"。据《唐书·宰相世系表》记载：周宣王有个同父异母小弟弟叫姬友，周宣王非常喜欢他，分封时对这个弟弟特别关照，封于槿林（今陕西西华县之东）。槿林距国都镐京很近，既有地理上的优势，又可得到哥哥的相助和关照。姬友在槿林建立了一个诸侯国，叫郑国，姬友为开国之君，号桓公。又因为郑国是三等诸侯国，国君为伯爵，故郑桓公也叫郑伯友。郑桓公初立郑国勤政爱民，深得国人的爱戴。他政绩卓著，周宣王对他十分信任，得到重用。

周宣王传位于姬宫涅（《史记》作"湦"），公元前781年，姬宫涅即位，是为周幽王。因为郑桓公是周幽王的亲叔叔，周幽王八年（公元前774年），郑桓公被任命为周王室的司徒，掌管全国土地和户籍。从此，郑桓公进入了大周王朝的统治中心，成为周王朝的重臣。郑桓公进入朝廷之后，工作更加勤奋，鞠躬尽瘁，廉洁奉公，为周王朝治国安邦做出了突出的贡献。

此时的周王朝，已现日薄西山的危局。周幽王亲近小人，重用奸臣，昏庸腐败，败坏朝纲，天下动荡。特别是宠妃褒姒，致使王室矛盾激化；恰在这时，西戎蠢蠢欲动，对西周王朝构成了严重的威胁。内忧外患，使朝廷上下人心慌乱。像郑桓公这样的忠君臣子们，尽管倾力治国，却也没有力量改变西周的衰败局面。

郑桓公看到国势日下，为社稷忧心如焚，预感到西周将亡，更为自己所治理的郑国前途忧虑重重。在千思百虑中，他向太史伯请教自保之计。太史伯说："洛邑之东，黄河、济水之南，土地富饶，交通便利，是居住的好地方。"郑桓公一想，

插图 1-1-1 莲鹤方壶（新郑出土）

春秋青铜器，1923年出土于新郑李家楼。通高116厘米，口长30.5厘米，口宽24.9厘米，壶冠呈双层盛开的莲瓣形，中间平盖上立一展翅欲飞之鹤；壶颈两侧用附壁回首之龙形怪兽为耳；器身满饰蟠螭纹，腹部四角各攀附一立体小兽，圈足下有两个侧首吐舌的卷尾兽，倾其全力承托着重器。造型宏伟气派，装饰典雅华美，为河南博物院镇院之宝之一。

犹豫起来，因为现在这块地方是虢国和郐国的领地。太史又进一步分析说："虢国和郐国两国的国君，贪图财物，利欲熏心，民怨渐起。如果提出在那里居住，公身为王室重臣，声名远扬，必然不会被拒之。"

郑桓公听了太史的分析，觉得有道理。这时周王朝岌岌可危，因此为郑国找一退路迫在眉睫。于是，他听从了太史之建议，没有硬攻强取，而是投虢国和郐国两个国君贪心之所好，送去美女、珠宝等。此法果然奏效，两国之君一下得到这么多美色和财物，不敢慢怠，毫不犹豫地立即让出两个邑地，给了郑国。郑桓公大喜，在郑桓公三十三年（公元前774年）把妻子、儿女安顿在那里，将郑国财产、部族、宗族连同商人、百姓一并迁移到东虢国和郐国之间（今河南嵩山以东），号称"新郑"（今河南省新郑一带），这是郑国历史上有名的大迁移。这次迁移为郑国的独立，在人力和物力上奠定了雄厚的基础。郑桓公三十六年（公元前771年），犬戎杀死周幽王和郑桓公，桓公之子郑武公即位，郑武公攻灭郐和东虢，建立了实际已独立的郑国，定都新郑。

郑桓公安排好退路后，时至周幽王九年，大周江山已摇摇欲坠。

2. 周亡郑兴

周幽王有个宠妃叫褒姒。对她史有所论："赫赫宗周，褒姒灭之。"就是说，是这个女人将周幽王引向邪路，以致葬送了周朝天下。褒姒为何有如此"能耐"？民间有一个传说。

据说，夏朝末年，宫廷中忽降两条神龙，满朝惊恐。神龙说："我们是褒国过去的两个国君！"夏王吓得立即占卜叩拜上天，占卜的结果是必须把龙的唾液收存起来，才能送走神龙。于是，宫廷之上铺满玉帛，向神龙求拜，神龙果然口吐液水而去。这包液水放于匣中，珍藏起来。夏灭后，存放龙唾液木匣从商朝传到周朝，经过了三个朝代一千多年，无人敢打开。但传到周厉王手里，这可是个天不怕地不惧的主儿，他派人无所顾忌地打开了这个神秘的木匣子。木匣一开，神龙液水横流宫廷，无法阻止。周厉王想出一个邪法，唤来许多宫女，令她们脱光衣服，大声怪叫。这一叫那神龙唾液却变成一只大鳖，向后宫爬去，恰巧一童妾出来，大鳖爬到她身上，她居然怀孕，并生下一女。宫中怕这个女婴是妖孽所变，就将其扔到宫外。

周厉王去世，周宣王继位。周宣王时期，有一对卖弓箭的夫妻。那天正巧路过宫墙外，拾起这个女婴，跑到距周朝都城西南的褒国（今陕西省勉县东）定居下来。十多年后，这个弃婴竟然出落得楚楚动人。这时，周宣王去世了，周幽王继位。有一年，褒国的国君得罪了周幽王，周幽王把他抓了起来。他很了解周幽王的嗜好，就在褒国内选美，得到了一个倾国倾城之美的姑娘，即献给了周幽王，自己得到了自由。这姑娘随即被选入后宫，并没引起周幽王的特别关注。因她来自褒国，褒国又是姒姓，所以被称为"褒姒"。

褒姒在后宫一待就是三年，一天周幽王到后宫遇见了她，立马为她的美艳所倾倒，从此成了周幽王的宠妃。

民间应该是要把这个传说故事用来作为"红颜祸水"的一个印证。

周幽王得了褒姒后，终日沉迷，寻欢作乐。褒姒19岁时，生下一子，名伯服。周幽王八年时，他不顾满朝文武的反对，废申后和太子宜臼，立伯服为太子。褒姒更是被捧上了天，祸害着宫室朝纲。周幽王终日不问朝政，对褒姒百依百顺。但周幽王无论怎样讨好褒姒，从来没看到过她的笑脸。周幽王想了许多逗她一笑的办法，还是没有作用。他灵机一动，想出了一个怪招。

于是，历史上留下了一个知名度很高的故事"烽火戏诸侯"，使其贻笑大方，流传千年。

强悍的戎狄部落经常侵袭周朝边境，对周朝安定构成严重威胁。为了及时预报敌情，周朝在都城四周各条大道上建烽火台，当有敌情，燃起烟火，逐个相传，各诸侯国就会采取军事行动。烽火台成了国家重要的军事情报设施。

褒姒

插图1-1-2褒姒画像（明刻《历代百美图》）

司马迁说："褒姒不好笑，幽王欲其笑万方，故不笑。"（《史记·周本纪》）

一天，周幽王命令各烽火台点起烟火。霎时，各烽火台狼烟冲天而起，接着战鼓齐鸣，各路诸侯披挂上阵，战车滚滚，汇集京城，以退敌兵。但到京城一看，一如平常，才知上当，唉声叹气而回。诸侯们垂头丧气之狼狈状，使褒姒开口而笑。周幽王为自己摆布的一场游戏非常得意，这种游戏接着玩了数次，褒姒也笑了几次。

周幽王十一年春，犬戎联合申等国组成联军向京都袭来时，烽火台的狼烟又升起了。但此时的烽火狼烟不再是诸侯眼中的军事情报，而是周幽王无聊戏耍的信息，因此各诸侯都按兵不动。周朝京城很快被攻破，西戎联军在京城大肆掠杀中，周幽王带着褒姒和太子伯服逃跑，忠心的郑桓公率领十多名卫士跟随其后，拼力护卫。

周幽王的车马队伍慌不择路，跑到一条小河中，举步难行。追兵赶到了，双方厮杀起来。在混战中，周幽王被乱剑砍死，太子伯服被杀，褒姒被掳去，郑桓公无力救驾，也惨遭杀害。西周灭亡了。

郑桓公为保卫周王朝断送了性命，其子掘突继任了国君，称为郑武公。郑武公联合秦、晋、卫三国联军击退犬戎，平息了叛乱，公元前770年拥立原太子宜臼继承了周幽王的王位，这就是周平王。周平王有一大臣叫关其思，主张进攻胡国灭胡，使郑国逐渐强盛，为庄公小霸奠定了基础。因为镐京已遭战争破坏，宜臼在郑国等诸侯国的护送下，东迁至洛邑，东迁后的周朝，史称东周。

在西戎叛乱时，虢国和邻国曾想趁人之危收回当年划给郑桓公的二邑之地。然而，雄才大略的郑武公绝不会归还，因为那里不但有自己需要的土地和资源，更有原郑国的王宫贵族和大量财产。所以他决心吃掉这两个小国，以免日后生乱。他用离间之计灭了邻国，又趁周天子巡视虢国防务时灭了虢国，之后他在那里建立了郑国（今河南省荥阳市东北和新密市东西），郑国逐渐强大起来。

郑武公协助周平王立朝，又帮助平王东迁都洛邑，为东周王朝立了大功，受到周王的重用。周王赏大片土地，任他为周王朝卿士，使其成了周朝宫廷的大臣。

这时郑国的国力强大起来，郑武公也气壮了。虽然重建了郑国，又在周朝中担任大臣，但他仍感不足，认为郑国的地盘不够大，而且偏洛邑西北。他产生了扩张疆土的野心。于是，他召集大臣商议，决定向中原腹地扩展。他看中了洛水、伊水、颍水之间的肥水沃土。

这时的郑国拥有地势险要的虎牢关、肥沃的田畴、物产丰富的山林。郑国北面黄河滔滔，南面山岭绵延，西连洛邑胜地，东接中原诸国。交通便利，物产丰裕。郑国在郑武公领导下国强民富，百姓安乐，繁荣昌盛，成为周天子下的一方乐土。

郑武公为缅怀先祖，巩固国家，提议举国臣民应以国为姓，得到郑国臣民的拥护。郑姓从此诞生了。

3. 郑氏为官"郑半朝"

郑姓的诞生，已有 2800 多年的历史。历史悠久，人口兴旺，望族众多，而尤以荥阳望族持续长久。

郑姓历史上名人辈出。据统计，唐朝时河南人考中进士的有 97 人，其中 22 人出自荥阳望族郑氏，历史曾有荥阳郑氏"六状元、八驸马、九宰相、五十六侯"的称誉，人称郑氏在朝做官的为"郑半朝"。郑姓历史上杰出的人物不断涌现。

郑国，战国水利工程专家。郑国为韩国人，他不仅能兴修水利，还为保卫祖国做出了贡献。他勘察设计了一条水渠，西引泾水，东入洛河，流经秦、韩两国。其初衷是让秦国投入大量的人力物力修渠，以消耗秦的军事进攻力量，减少对韩国的军事威胁。郑国不但设计巧妙，而且说服了秦王。在他的领导下，这条长三百余里的水渠完成了，不但起到了暂时削弱秦国对韩国的军事压力，而且可灌溉四万亩土地，使关中成为沃野，富饶一方。为了纪念郑国的功绩，此渠命名为"郑国渠"，是中国历史上的一条名渠。

郑虔，唐代学者、画家，河南荥阳人。他收集当世见闻，著文 80 余篇编辑成书，但被诬告为"私撰国史"而被贬官。唐玄宗爱其才华授以广文馆博士。玄宗非常欣赏他的书画，在其"沧州图"上亲题"郑虔三绝"。从此，郑虔名声大噪，

插图 1-1-3.1 郑虔画像

河南荥阳人，唐朝著名诗人、画家、书法家，曾任广文馆博士、台州（今浙江）司户参军，是台州教育启蒙人。

名满京城。他亦是李白、杜甫的好友，杜甫为这位同乡艺术家写的怀念诗有18余首。安史之乱中，郑虔被劫于洛阳，授水部郎中，但他称病不受。叛乱平定后，因曾被叛贼封官，郑虔被罚为三等罪贬到台州，病死于此。

郑板桥，名燮，号板桥。康熙秀才，雍正举人，乾隆进士，曾任山东范县、潍县县令。他为官期间，关心人民苦难，不肯逢迎上司，刚正不阿，曾因私自开仓赈济而获罪罢官。后在扬州卖画为生。其画以竹、石、兰蕙最工，用笔遒劲，潇洒自如，多而不乱，秀逸多姿，天趣横溢。其书法巧用篆、隶、行、楷，以隶为主，兼有画意美感，独创一格，自称是"六分半书"，对清代画坛及后世影响很大。

另外，历史上令荥阳郑氏为之骄傲的河南籍郑姓名人还有廉洁奉公、爱慕贤良的西汉重臣陈郡（今淮阳县）人郑弘；东汉著名古文经学家开封人郑兴；三国时曹操大臣开封人郑浑；隋代博学多识、著作颇丰的荥阳郡（今荥阳市）人郑泽；唐代曾两任宰相的荥阳郡人郑余庆等。

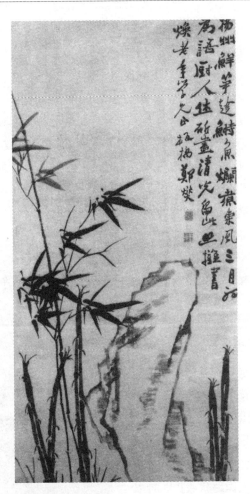

插图1-1-3.2 郑板桥《竹石图》

郑板桥之竹，"简"笔"瘦"形。此图笔锋虽简而力，山石虽瘦而劲。坚硬瘦石之折裥处，略施小斧劈皴，顿显峻嶒突兀；一竿修竹，竿细叶少，却现葱翠富强之姿；其余竹子，纷杂而有致。整体画面虚实相生、浓淡相宜、高低相配、远近相应。题款又出孤傲之气，尽彰挥洒自如、翰墨苍劲之风神。

4. 郑氏寻根荥阳

古郑国在今新郑一带，历经近400年。郑姓传至24世郑奇，走出中原出任汉朝的河南太守之职。他虽离开故土，但他怀念先祖的勋业，眷恋荥阳的山川灵秀，便举族迁回荥阳。从此，郑氏家族在荥阳世代繁衍，生生不息，发展到"天下郑氏出荥阳"之势。所以，自古就有"荥阳郑氏遍天下"之说。当今海内外郑姓门前，皆书"荥阳衍派"，厅堂内皆悬"荥阳堂"匾额。荥阳是郑姓人的寻根之地。

荥阳，西望古都洛阳，南眺中岳嵩山，北濒九曲黄河，东接省会郑州。荥阳历史悠久，文化灿烂。自公元前202年秦朝置县已有2200多年历史。战国时法家人物申不害、唐朝"诗、书、画"三绝的文人郑虔、晚唐诗人李商隐等都出生在荥阳。中唐时期著名的政治家和诗人刘禹锡去世后就葬在荥阳豫龙镇檀山上。宋代的王博文父子三朝为官，史称"三朝枢密史，九子十进士"。可谓"江山代有才人出，各领风骚数百年"。荥阳是中华望族郑氏的祖地，唐朝时有11名荥阳籍郑氏在朝为宰相，1200万郑氏后裔遍布世界各地。

荥阳历史文化丰富，名胜古迹众多。有织机洞古人类遗址、大师姑夏城遗址、青台仰韶文化遗址、娘娘寨周城遗址等是国家级或为省级文物保护遗址。鸿沟、汉霸二王城、虎牢关等著名历史遗址，文化底蕴丰厚。

汉霸二王城位于荥阳市东北20公里处的广武山，中间有一条南北走向的大沟，叫"广武涧"，这就是有名的"鸿沟"。当年，刘邦、项羽以鸿沟为界，在东西两个山头上高筑壁垒对峙，西为汉王城，东为霸王城。现存二城遗址各有数百米。汉王城的西端是古城墙遗址，叫"张良城"。据说，此处是张良在楚汉相争对峙时所设的军机要地，是刘邦的作战参谋部。

霸王城和汉王城之间的鸿沟宽约800米，深200米，沟内有鸿沟村。鸿沟就是今天的贾鲁河，人们亦叫它"楚河"。这条河发源于荥阳东南，注入黄河。唐代有一个叫贾鲁的人，治水很有成效，人们便以他的名字为此河命名。

唐代大诗人李白来到荥阳，游览古迹，写诗概括了楚汉相争壮阔史实："伊昔临广武，连兵决雌雄。分我一杯羹，太皇乃汝翁。战争有古迹，壁垒颓层穹。"宋代王安石在《书汜水关寺壁》一诗写道："汜水鸿沟楚汉间，跳兵走马百重山。如何咫尺商于地，便有园公绮季闲。"

三皇山，位于荥阳东北28公里处，它北濒黄河，南眺嵩山，西连汉霸二王城，东接郑州黄河游览区。这里沟壑纵横，史迹众多。相传上古燧人氏、伏羲氏、神农氏等在此采药种粮，施化于民，留下许多美丽的传说。现存有郑武公陵、唐昭成寺、仿古卷长城、黄河古渡等，其中桃花峪黄河中下游分界碑，是观赏黄河中下游不同风貌的最佳位置。

虎牢关，又名汜水关、成皋关。从荥阳市区往西北18公里处有一汜水镇，此镇之西即到虎牢关。周武王时，各诸侯国常向武王进献老虎，所进献的虎在此圈养，因而叫"虎牢关"。虎牢关历史悠久。周以后，虎牢关就成了兵家必争之地。它北濒黄河，南依嵩山，地势险要，扼东西之咽喉，北拒广武之众山，犬牙交错，山岭夹峙，是通往关中的要道，有"镇天中枢，三秦咽喉"的称誉。楚汉争雄时，刘邦、项羽在此争关夺城，汉以后都设关置隘，镇守重兵。三国时，刘、关、张三英战吕布就在此处摆开战场。南北朝时，刘宋与北魏都多次攻取北关。唐代时，李世民与窦建德曾在此大战，一决雌雄。虎牢关，帝王在此争霸，留下众多遗迹名胜，四周分布着吕布城、跑马岭、张飞寨、三义庙、华雄岭、王莽洞等。还有一块碑名"莲座碑"，上书"虎牢关"三个大字，为清代雍正九年（公元1731年）所立。

插图1-1-4 虎牢关碑全景

虎牢关碑位于荥阳市汜水镇虎牢关村文化广场内，带碑座，碑高1.65米，宽0.7米，厚0.14米，清雍正九年（公元1731年）立，赵金德正书。赵金德，字明我，号清涧，蒋头村人，清庠生，为汜水之善书者，所书"虎牢关"三字颇见功力。该碑对了解虎牢关的历史变迁、追忆虎牢关波澜壮阔的历史，具有一定的昭示作用。1987年5月6日被荥阳县（今河南省荥阳市）人民政府公布为荥阳县级文物保护单位。

韩王悲生韩姓

1. 韩氏立国

西周初年，周天子大封诸侯，周武王和周公旦先后封姬姓 53 个诸侯国。公元前 770 年，周平王定都洛邑，周王室国力衰微，境地困窘，各诸侯国的势力日渐增强，各国之间的争霸对周王室构成了严重的威胁。周王室采取措施，寻找出路，准许各诸侯有权封其下属臣子为卿大夫，并可授予土地和奴隶。这种权力下放的举措，有效地削弱了各路诸侯的实力，各诸侯与卿大夫互相牵制，无暇对抗朝廷，从而巩固了周王朝的统治。由诸侯分给下属官员的封地，历史上叫"采邑"。

经过春秋时期长期的争霸战争，许多小的诸侯国被大国并吞了。有的国家内部发生了变革，大权渐渐落在几个大夫手里。一向称为中原霸主的晋国，到了春秋末期，国君的权力也衰落了，实权由韩、赵、魏、智、范、中行六家大夫所把持，另外还包括郤、栾等大家族。他们各有各的地盘和武装，互相攻打。后来范、中行两家被打散了，还剩下智家、赵家、韩家、魏家。这四家中，又以智家的势力最大。智家要侵占其他三家的土地，先胁迫韩、魏两家攻打赵家，赵家奋力抵抗，死守晋阳（今山西太原市）。智家久攻不下，韩、魏两家在赵家的劝说下，害怕智家以后会反悔而消灭自己，答应与赵家合作。于是，赵、韩、魏三家联手打智家，一举灭了智家，不但夺回了智家侵占的韩、魏两家的土地，连智家自己的土地也由赵、韩、魏三家平分。之后，这三家又瓜分了晋国的其他土地。

晋国九世国君晋穆侯执政的时期，他的孙子叫武子，颇有功绩，晋穆侯封他为卿大夫，其采邑在韩原（今陕西韩城西南），韩原地沃物丰。而且韩武子自立门户，拥有主权，发展迅速，逐渐强大，被称为"韩武子"。

战国时代，韩氏传至韩武子的曾孙韩厥手中，此时的韩氏一族已十分强盛，足以和晋国君主抗衡。赵氏和魏氏力量也不弱于韩氏，晋国大权落在了韩氏、赵氏、魏氏手中，这三家与晋王室分庭抗礼。从此，晋国陷入卿大夫们互相倾轧、争权夺位的矛盾之中，晋国的国势日下。

周朝威烈王二十三年（公元前 403 年），赵、韩、魏三家想要"升级"了，就派使者到都城洛邑去见周威烈王，要求周天子把他们三家封为诸侯。周威烈感到三家势力强大，不认可也没有用，不如做个顺水人情。周王室承认了他们的政治地位，

由"采邑"升级为一方"诸侯国"。自此，韩、赵、魏成为中原的大国，加上秦、齐、楚、燕四个大国，历史上称为"战国七雄"。三家分晋之后，韩国建都于平阳（今山西省临汾市）。

此时韩国韩厥的七世孙韩武子的儿子韩虔，名正言顺地被封为诸侯，称为韩景侯。韩景侯成了韩国开国之君。

2. 悲泣生韩姓

韩国立国之初，政治混乱，法律、政令朝令夕改、无据可依，群臣吏民无所适从。韩景侯韩虔是一位具有雄才大略、目光远大的君主。他大力实行改革，加强中央集权；他勤政爱民、励精图治、开拓疆土，国力逐渐强大。此时，他扩展的疆土已靠近中原地区，他看到了中原的地理优势。小小的韩国已不能满足韩景侯的要求。他毅然率朝臣迁都，从山西迁到了阳翟（今河南禹州市），跻身于广沃的中原大地。韩国的领土范围大致应是黄河以南，在颍水之滨，今郑州、洛阳之间，西北与山西接壤，南至淮河一线。铁制农具在韩国的广泛应用，使农业生产得到发展，促使城市繁荣，商人活跃。

韩国传至第三代君王韩哀侯，韩哀侯励精图治，继续扩张领土。哀侯二年，韩哀侯派兵攻打郑国，欲亡其国。此时郑国内乱不止，国势很弱，它的靠山是楚国。韩国来攻打时，它寄希望于楚国派兵救援；恰好此时魏国进攻楚国，楚国正与魏在榆关（今河南中牟西南）进行会战，楚国自顾不暇，怎能派出军队去保护自己的属国呢？韩国趁火打劫，公元前375年韩哀侯终于灭了郑国，杀死了国君，不仅将郑国的土地吞并，还将自己的都城迁到了郑国的土地上，抢占了郑国国都新郑（今河南新郑的郑韩故城）。之后，韩国以此为中心，向四周扩展疆土。

韩国传至韩襄王时，战国七雄的形势发生了变化。这时韩国的疆域在今山西东南和河南中部一带，既处在东周国都洛邑的近畿之地，又处于秦、楚、齐、魏等曾

插图 1-2-1 郑韩故城遗址
公元前375年，韩国灭掉郑国，从陕西迁都新郑。公元前230年，韩国又被强大的秦国消灭，繁华的郑韩故城逐渐消失在历史尘埃中。郑韩在此建都达539年。该城规模仅秦都咸阳、楚国郢都可比，春秋战国时期居列国中心地区，控扼四方，通达八衢，兼容列国先进文化，为中原政治、军事、经济、文化和最大的商业都会之一，而备受四方霸主侵凌。郑韩故城遗址位于今河南省新郑市区周围，双洎河（古洧水）与黄水河（古溱水）交汇处。平面呈不规则三角形，城垣周长20公里，城内面积16平方公里，城墙用五花土分层夯筑而成。

经称霸过的强大诸侯国的包围之中。在"七雄"之中，韩国比较弱小。七国中的超级大国秦国和楚国，占领了中原地区的其他诸侯国后，感到韩国是它们扩张土地的绊脚石，必欲除之而后快。处于三角地带弱小的韩国不得不看着强国脸色过活，不是联楚抗秦，就是联秦抗楚，韩国夹在中间左顾右盼，不知该如何是好。

楚国克制的态度到了极限，便向韩国发难了。韩襄王十二年，楚国调兵遣将准备攻打韩国，目标首先对准了韩国的雍城。韩国国君马上召集紧急会议，研究对策。有的大夫提出建议，仍然按过去的办法，马上求援于秦，联合抗楚。

秦国即派使者向韩国提出自己的打法：目前楚正分兵两路，分别攻打韩国和魏国，其兵力分散，不可失去战机。韩国接受了秦国的战术。于是，当楚进攻韩国雍城时，秦军设下埋伏，截其退路，秦、韩两国军队夹击，大败楚军。

韩国联秦抗楚虽然胜利了，但又惹来了麻烦。楚国的军队被打跑了，但秦国以胜利者姿态称雄，援军不走了，声称留下军队保护韩国不再遭受侵略。这是以帮助为名，行侵略之实。秦国占领了韩国的大片领土，驻兵扎营，摆出了长期驻军的架势。

韩国对秦国的用心看得一清二楚，但不好硬赶人家。于是，韩襄王十四年，襄王暗派使臣联络齐国和魏国，以求建立联盟，来共同抵抗强秦。齐国和魏国也有克秦之心，所以，三国一拍即合，马上组成联军，向秦发动了反击。秦国军队难以抵挡，节节败退，一直退到函谷关（今河南省灵宝市）。韩国收复了被秦国占领的土地。

韩国收复领土的第二年，韩襄王去世，韩厘王即位。厘王继承父志，一心要消灭秦国。他联合魏国和周王朝，攻伐秦国，但一战失利，主帅被俘，24万军队被消灭。

韩厘王去世后，他的儿子桓即位，称桓惠王。桓惠王在位期间，先后被秦国占领陉阳、上党、阳城、荥阳等地。桓惠王的儿子继承王位后，在韩王安九年，秦国终于攻占了韩国都城（今河南新郑市），韩国的历史结束了。

韩国在灭国之际，韩王安向文武大臣提议，国家毁于一旦，但为了不忘先祖之基业，请求韩国人以国为姓，姓韩，以纪念韩国。满朝在一片悲泣声中接受了这个提议。

韩国灭了，韩姓氏在灭国的悲痛中诞生了。

插图 1-2-2 郑韩故城出土的云龙纹铜罍

"罍"为古代盛酒或盛水器。《诗经·卷耳》写道："我姑酌彼金罍。"《仪礼·少牢馈食礼》曰："司空设罍水于洗东，有科。"说明罍具有盛酒、盛水的两种用途。罍有方形和圆形两种。方形罍宽肩，两耳，有盖；圆形罍大腹，圈足，两耳。两种形状的罍通常在一侧下部都有一个穿系用的鼻。罍主要流行于商和西周。方形罍一般为商代器，圆形罍在商和西周都有。此件"云龙纹铜罍"，高40.5厘米，口径29.5厘米，腹部157.5厘米。出土于郑韩故城郑公大墓，亦名"龙形四耳尊"，为河南博物院镇院之宝之一。

3. 寻根新郑

韩姓寻根之地在河南省的新郑市。

新郑在上古称"有熊"，轩辕黄帝在此建都。帝喾时代，新郑为祝融氏之国。

西周时期，新郑为郐国。公元前770年，郑国将国都从咸林迁到今新郑溱洧水间，仍为郑，历395年，称郑。公元前375年，韩哀侯灭郑，将国都自阳翟迁于郑城。韩在此立都长达145年。韩人都郑后在此设郑县，治所在外廓城内。公元前221年，秦始皇统一六国，实行郡县制。为了区别陕西之郑县，将韩之郑县改为新郑县（今河南省新郑市），从此沿用千年不变。新郑也是黄帝故里，据史料考证，黄帝姓公孙氏，生于"轩辕之丘"。新郑市的北关传说为"轩辕故里"。黄帝成年后在新郑建国，称有熊。今黄帝故里位于市区内，景区由广场区、拜祖区、文物展示区、文化模拟区和购物娱乐区五个部分组成。这里每年都要举办寻根拜祖节，是海内外炎黄子孙寻根问祖的圣地。

郑韩故城，位于新郑市城关附近的双洎河与黄水河交汇处，为春秋战国时郑国和韩国的都城。郑韩故城周长20公里，分东西两城，西城有宫城遗址。遗存城墙的最高处达1米。故城曾出土大量铁器、陶器、青铜器、玉器等，著名的"莲鹤方壶"即在此出土。

裴李岗遗址，位于新郑市区8公里，有2平方公里之大，高出地面2米。这是一座新石器时代的早期遗址，距今已有8000年左右的历史。在此出土的多种石器，为我国其他新石器时代遗址中所没有或少见。这座遗址填补了我国新石器时代仰韶文化前期的空白。

始祖山，此山古称具茨山，位于新郑市西15公里，海拔793米。东、南两面为悬崖，高数百米，怪石遍布，奇峰屹立，浑然天成，十分秀丽。

4. 韩姓名人

韩姓诞生之后，世代繁衍生息，人口众多，有成就者辈出。如"兴汉三杰"之一的韩信，汉武帝的重臣河南汝州人韩安国，唐代文学家河南孟州人韩愈等。特别是战国韩非，是为韩姓人称道和骄傲的杰出人物。

韩非，战国末法家代表人物。他是韩国贵族子弟，他所生活的时代正是中原七雄争霸的时代，武则战场求功，文则四方游说。他早年同李斯游学至楚，师从荀子。他胸怀韬略，满腹经纶，颇具远见卓识。他因口吃严重影响了他的说客生涯，但他的文章却是词锋犀利，伦理透辟，气势非凡，震动世俗。他多次劝谏韩王变法革新，但未被采纳，悲愤之中写出《孤愤》《说难》等十余万字的著作。

秦王嬴政对韩非的著作很欣赏，特别是他以法治国的政治主张，更为秦王所赞赏，他大为感慨地说："我今生今世能见此人，哪怕只交谈一天，也就心安了。"见机行事的丞相李斯忙说："我与韩非是同窗，想见他不难。"于是，李斯多次致信同窗好友韩非，要他到秦国发展。但韩非爱国之心很强，不愿为秦效力，就拒绝了。为了能得到这样的贤才，秦王发兵攻韩，逼韩王把韩非送到秦国，势弱的韩国只好照办。韩非在秦国却遭到秦相李斯的嫉恨。李斯寻机进馋，将韩非治罪下狱，并且步步严加迫害，韩非含恨服毒自杀。《韩非子》一书格高气盛，题旨轩昂，立意高远，语言峭拔，有排山倒海、不可阻遏之气势，成为法家学派开山之作。

高姓源禹州

1. 两支高姓

中国最早的典籍《世本》中有"黄帝臣高元作宫室"的记载，高元是5000年前轩辕黄帝的一名大臣，他善于建造宫室，是一个建筑师。高元被黄帝封在今河南省禹州市鸿畅镇之北的东高村。

东高村史书上称为"高""高氏"，汉代时称为"高氏亭"，唐代时称为"高村"。东高村的高姓人，繁衍不息，人口增长迅速。因人口太多，在东高村的西边又建一村，叫西高村。明清时期，高姓家族在东高村之南又建一座村寨，叫"高村寨"，建村寨是为了躲避战乱。所以，高村寨建于两面临水之处，它与西高村、东高村形成三角之势。

东高村，位于禹州城西南15公里处的丘陵地带。村中有一座古寺，原名"仰高寺"，后来改叫"卫尉寺"，敬奉的是高姓始祖高元。

高姓源于禹州市，于5000多年前的黄帝时代得姓。还有一支高姓诞生于周朝。

周朝初立时大臣姜尚，因帮助周文王姬昌、周武王姬发南征北战，为灭商兴周立下大功，被封于营丘建立齐国，史称姜尚齐太公或姜太公。姜太公的六世孙齐文公在位时，几家王族为争夺王位，矛盾重重，同室操戈，骨肉相残。齐文公去世后，他的儿子吕脱继承了王位，是为齐成公。齐成公的弟弟吕服为朝中大夫。

大夫吕服是个心地善良、聪明好学的臣子。他父亲齐文公在位时，宫廷中的残酷斗争他记忆犹新，特别是在族人争夺王位的斗争中，国家连年战争，百姓流离失所，田地荒芜。为了朝政的稳定，避免宫廷的斗争，他决定辞官退隐民间。他的哥哥齐成公吕脱理解弟弟心意，准予了弟弟的辞呈，但保留了官职，封赐食邑到高地（今河南省禹州市西南），以修身养性。

吕服到了封地高地，远离朝政，心情怡然，常与农民打成一片，亲身参加劳动，春种秋收，乐得其所。因为他住在高地，为了纪念他长期居住之地高地，让后人记住他的功德，大家提出建议，应改自己的吕姓为高姓。吕服高兴地接受了大家的提议。自此，周代时的高姓诞生了。

自春秋时代之后，高姓大多出于这一支。战国和秦朝时，有高姓人进入河北、辽宁等境内。在西晋末年的"永嘉之乱"中，高姓人大批南迁。唐朝初年，陈政、陈元父子进入福建开辟漳州时，就有高姓人随军入闽。清代康熙年间定居于福建、广东的高姓人，陆续到台湾垦荒。此后高姓人移民到东南亚和欧美一些国家和地区。

2. 高姓名人

高渐离送荆轲刺秦的传奇故事广为流传。高渐离，战国勇士。战国时燕国的太子丹做过秦国的人质，后来他逃回燕国，决心报仇。但弱燕难抵强秦，用武力难以取胜。于是，太子丹就谋划刺杀秦王嬴政，然后乘机攻打秦国。经人推荐，最后选定了刺客荆轲。荆轲，卫国人，爱好读书，精通剑术。卫国被秦国灭掉后，逃到燕国居住，并结识了一位"音乐家"高渐离。高渐离善于击"筑"。筑是一种古乐器，形如古筝，弹奏时用竹尺击筑上的弦，发音成乐。

高渐离与荆轲成为至交，他俩常相伴相随，酒肆痛饮。乘着酒兴，高渐离操筑而击；荆轲醉中吐声，随曲高唱。歌到尽兴，二人放声大笑，旁若无人；唱到悲伤，一同痛哭流涕，无所顾忌。他们心中怀才不遇的共鸣，在曲与歌中表达得淋漓尽致。共同复仇的心情，使二人一拍即合。荆轲是燕太子丹刺杀秦王的最佳人选，而胸怀大志的高渐离也全力支持荆轲刺秦的举动。于是，太子丹、荆轲、高渐离站在了反秦的统一战线上。一切准备就绪，荆轲就要开始行动了。荆轲出发时，高渐离等人送行到易水河

插图 1-3-2 高适《听张立本女吟》诗意图（明黄凤池《唐诗画谱》）
高适的这首诗生动地描绘了一位对歌女的情态，创造出一种清雅空灵的意境。首句写妆束，显其高贵，次句写行态，见其脱俗，三句写动作，以敲竹击节逗出下文。四句"清歌一曲"点题，并以"月如霜"渲染环境氛围，构成对清歌一曲内涵的体味，使环境、歌境、心境融通一体，在描写与感受的妙合中生成诗境整体。

边。看着滔滔逝去的易水，高渐离当众击筑，乐曲激越高亢，荆轲情不自禁随曲高歌："风萧萧兮易水寒，壮士一去兮不复返。"歌声慷慨悲壮，所有送行的人失声痛哭。荆轲去而无返，刺秦失败，反被秦王刺死。

高欢，北魏名将。北魏孝明帝正光四年（公元 523 年），北方外族常侵扰边境，但边关军镇官员不管不问。深受外来势力侵扰之苦的百姓起来暴动，政局陷入混乱。

公元 532 年，边镇将领高欢乘机拥立孝文帝之孙元修为帝，为孝武帝。但孝武帝不屈就于高欢，高欢带兵逼近魏都洛阳。孝武帝逃走，高欢又立孝文帝曾孙元善为帝，为孝静帝，迁都于邺城，史称东魏。此时，葛荣起义大将宇文泰杀了投奔而来的孝武帝元修，另立孝文帝另一孙子为帝，都长安，史称西魏。高欢凭借强大实力攻打西魏，两军邙山遭遇，东魏大胜。西魏虽败，宇文泰发奋图强，决心与东魏抗衡。西魏大统十二年（公元 546 年），东魏高欢再攻西魏，包围了西魏前哨阵地玉壁城（今山西太原西南），几十万大军昼夜轮番攻城。攻城不下，改用水淹和挖地道，但无济于事。连攻 50 余天，战死 7 万多人，高欢病倒，军心涣散。高欢后撤，西魏军穷追，东魏军队大败。不久，高欢病死，东魏后来成为北齐。

高适，渤海（今河北沧县）人，唐代著名边塞诗人。他出生于武则天时，虽家境贫寒，但胸怀远志，刻苦攻读，勤习武艺。20 岁时，为求取功名到长安，但他四处碰壁。后来到宋（河南今商丘），潜心读书，等待时机。为了生计，他务农备尝稼穑之苦，体验了农民的疾苦，感受到了社会矛盾。开元二十年（公元 732 年），他从军去到边塞，体验了战士守边之苦，开元二十六年回宋。他 40 多岁才专注于诗，其诗深广，反映了边塞风光与边塞生活。

段叔生段姓

1. 母子黄泉相见

段姓已有 2700 年的历史，有一支出自郑国，源于姬姓。据《史记·郑世家》记载，郑武公姬掘突在今河南建立郑国，先后立都于今荥阳和密县，最后定都于新郑。

郑武公十年（公元前 761 年）时，娶申侯之女武姜为妻。武姜的大儿子难产出生，认为是不吉祥之事，就以这倒霉的事给起了名字，叫"寤生"，就是"难产"之意。足见武姜对这个儿的厌恶之情。武姜偏爱的是小儿子叔段，对他十分娇惯。寤生和叔段因境遇不同，性格形成反差。寤生学习用功，长大能文能武，其父郑武公特别喜欢他；叔段也非常聪明，但性格骄横，为人强势。

公元前 744 年，郑武公得病了，但还没有接班人。武姜便向老公武公要求将太子之位给自己喜爱的儿子叔段。武公深知叔段的为人，坚决不同意，认为寤生对国事有悟性，善于学习，所以，当即册封了寤生为太子。

同年，郑武公病逝，寤生继承了王位，是为郑庄公。武姜生怕叔段受害吃亏，又给郑庄公施加压力，要他善待弟弟，请封于京（今河南荥阳京襄城村），郑庄公就把叔段封于京地，称之为京城大叔。

哪知叔段早有预谋，一心想当国君，要夺庄公之位。自从被封在京地之后，他就蓄谋夺取王位。他四处招兵买马，训练兵马，羽翼渐丰，日益壮大。当然，其母武姜是支持他的，并且给他出谋划策。武姜给他密信一封，要他在庆祝母亲五十大寿时，起兵夺取王位。不想这封信被郑庄公的大夫祭仲截获，郑庄公决定将计就计，粉碎叔段的阴谋。

郑庄公二十二年（公元前722年），郑庄公在为母亲祝寿的宴会上，叔段以助兴为名，出席舞剑，乘机刺向郑庄公，大夫祭仲杀出护卫庄公。武姜喊出自己的伏兵出击，叔段的主将即率两万人杀来。郑庄公带兵迎战。激战中叔段败落，狼狈而逃，跑回封地京地。郑庄公乘胜追至京地，叔段又逃至鄢（今河南鄢陵），庄公穷追不舍；最后，叔段逃至共（今河南辉县）。郑庄公将其母亲武姜迁到城颖（今临颖县），软禁起来，不想再看到她，并发誓说："不至黄泉，毋相见也。"

郑庄公得胜回到都城新郑。过了三年，想到弟弟被自己打得狼狈不堪逃跑，但毕竟是一母同胞；母亲亦别居冷室，风烛残年，对母亲也十分思念，后悔之心顿生。然而，不相见的誓言已出，作为君王，又怎能反悔呢？但思母心切，不得已只好找祭仲出主意。祭仲找到恪守孝道的大臣颖考叔想办法，颖考叔说："此事不难。颖地有山，泉水色黄，可测一暗泉，掘地挖隧道，让他母子在那里相见。"

插图1-4-1.1 郑庄公塑像

郑庄公，春秋郑国第三代国君，著名的政治家，史称"春秋小霸"。郑庄公一生功业辉煌，在位期间，分别击败过周、虢、卫、蔡、陈联军及宋、陈、蔡、卫、鲁等国联军。御燕、侵陈，大胜之；伐许、克息、御北戎，攻必克，战必胜，战绩显赫，使得郑国空前强盛，就连当时的大国——齐国也跟着郑国东征西讨。在春秋列国纷争中，他精于权谋、善于外交，一时称霸，成为中原"超级强国"。

于是，祭仲和颖考叔组织人员，从城颖开挖隧道，一直挖到王宫院内，上书"黄泉"二字。然后让庄公进去，逐级而下，终于在"黄泉"见到母亲。母子抱在一起，重归于好，庄公携母回到宫中团聚。叔段听说母亲与哥哥重归于好消息，感到深深有愧于郑国，立即赶回郑国，向庄公请罪。庄公也热情迎接，母子三人终于团聚和好。

叔段的幡然悔悟，于国于家都有利，受到郑国人的尊敬。叔段的儿子为了纪念

父辈的恩德，记住这段历史，以叔段的"段"字为姓。从此，中华姓氏里又添一新姓。

段姓的祖先在新郑，新郑是段姓的发源地。

段姓自春秋诞生以来，在世事沧桑中，生生不息，发展壮大。他们主要聚居于中原地区，秦末乱世中，开始向四周散迁，东汉末年又南迁。所到之处，落地生根，都为当地做出了突出贡献。段姓人口日增，成为望族，并产生了许多有成就的人。

插图 1-4-1.2 荥阳郑国京城遗址

东周初，郑武公以京城为都。史载当时城南河水绕城而过，城建形制宏伟，交通便利，蔚然大都。郑武公灭虢国桧国建郑国而迁都，后来郑庄公将京城封给叔段。今存城墙 8 段 1000 余米。

2. 段姓两名人

段干木，战国魏国的贤士。此人大有超凡脱俗之风，不愿出来做官。魏文王知其才能，就亲自登门拜访，段干木听说魏文王来，急忙跳过墙头躲了起来。魏文王明知段干木是在躲自己，不认为无礼，反而更加尊敬他。所以，魏文王每次驱车经过段干木的门口，即站在车的横木上肃立，并大声说："段干木是贤人，我能不轼（车的横木）吗？"

段会宗，西汉竟宁元年（公元前 33 年）任西域都护，在西域各族中威信很高。任期满后还朝，又任沛郡、雁门太守。但此时西域各族难舍对段会宗的感情，又上书皇上请求段会宗继续出任西域都护。段会宗后来任左曹中郎将和光禄大夫，率兵安定乌孙贵族的内争，加强了中原与乌孙的联系。病死于乌孙。

冯城出冯姓

1. 受封得姓

据《左传》记载，春秋时代有一个"能断大事"的人，此人叫冯简子。

建都新郑的郑国传至郑成公时，国势渐弱，南楚北晋等强国都威胁着郑国，郑国压力很大。满朝文武急寻兴国之良策，脱困之路径。

国相子产认为，兴国在人才。于是，他想出了用张榜公开招聘的方式招揽贤士。

子产的招贤榜张贴出去后，一日来了三位士人都要揭榜应招。可招考官却准许其中两位衣冠整齐的人去见国相子产，进行面试，另外一人因其身着粗布麻衣而被拒之门外。子产一看那两个人便知非同一般。经过交谈了解到，那位英俊潇洒的叫子太叔，此人满腹经纶；另一位身材高大魁伟，武艺出众，身手不凡，其名公孙挥。子产为得到两才子大为高兴。一天，他设宴欢迎子太叔和公孙挥。兴浓酒酣之时，士兵急报门外有人求见。子产说，正与才子商讨国事，不见。话未落音，门外来人已破门而入，站到了子产面前。子产一看，是一破衫粗衣的小青年，并没放在心上。可那青年已抢先一步，自我介绍道："小人名简子，读遍经书，常与高士交游，我胸藏治国兴邦之良策，特揭榜应招，但是却被挡在门外。"子产漫不经心地说："那就说说你的良策吧！"

简子首先回顾了郑国的辉煌业绩，再陈述当前国之危机，最后说："欲振兴我郑国之邦，继先祖基业，对内必须减少征税，发展生产，稳定社会，安定民心；对外要修好于睦邻，友好相处。"一席话说得大家心服口服，子产忙请简子入席共饮。后来，子产上奏郑成公，封简子为大夫。从此，简子与子太叔、公孙挥共事于朝中，为治理郑国勤政操劳。

郑国出现了新局面，公孙挥主军事，训练精兵强将；子太叔管外交，游说邻国；简子辅佐国相子产治内，大力发展生产，加强法制。数年之后，郑国繁荣昌盛，百姓安居乐业。

插图 1-5-1 冯简子画像
冯简子，春秋后期郑国郑简公时的重要大臣，博学多才，善断大事，郑国的许多外交大事，先同他议而后定。被封在冯地，他的后代用封邑作为自己的姓氏。

简子为郑国的发展和安危出谋划策，功绩显赫，声望日高。为表彰简子治国兴邦之功，子产特在冯城（今河南荥阳城西）建豪华府第，赐予简子，把冯城地盘封给简子作为食邑，赐万亩田地，百户家奴，准其代代承袭。从此简子移居冯城，但为国事常住都城新郑。

冯简子有个儿子，叫由子，他向父亲简子提出一个建议，认为姬姓的郑王室因立郑国而改姓郑，我们简家住冯城（今河南省荥阳市），也以封邑为姓，姓冯，把冯姓世世代代传下去，父亲就是冯姓第一人，冯姓后世繁衍也会记住父亲了。简子听了其子的一番话觉得在理，依了儿子之言，以邑为姓，姓冯。从此，荥阳市成为冯姓人的寻根之地。

2. 冯姓祖根地冯城

古冯城遗址位于河南省郑州市荥阳市高村乡冯城村。约公元前 2200 年尧舜时期，部落首领冯夷，在今高村乡偏西北敖山南筑城，名冯城。春秋时郑国大夫冯简子在此练兵，因打胜仗封于冯城。冯简子等冯氏先祖就安息于此。

从现存的瓦砾和内围环城河模式遗迹分析认定，冯城面积约一平方公里。冯城背靠邙山，地势平坦，土地肥沃，东有三皇山，西有虎牢关，南临古官道，交通方便，是郑国当时的军事重地。冯城自古就是战略要地。冯城西的虎牢关古代有一重要渡口，今天仍然使用。冯氏先祖于乾隆年间重修祖庙时所立的一块石碑，至今保存完好。

冯姓冯城发祥，自先秦已向外迁播。春秋战国时向南进入湖南、湖北，向西进入陕西关中等地，向北进入山西等地，向东进入齐鲁大地。秦汉时河南冯氏分布于今内黄、宝丰、焦作、南阳、安阳等地。晋末"永嘉之乱"时大举南迁或北避辽东。隋唐时，南迁至福建省境。唐宋时，冯氏先后又有两次大举南迁，冯氏遍布于中国江南广大地区。明、清之际遍及全国各地。

1938 年冯玉祥将军曾亲临西冯村（今冯城村）冯氏宗祠祭祖。每年都有海内外冯氏宗亲到此寻根祭祖。

3. 冯氏名人

冯姓自简子诞生，得以繁衍，逐步兴旺，并向各地发展，产生了不少名门望族，出现了不少杰出人才，为中华民族的发展，起过重要的作用和影响。

冯缭，西汉时解忧公主的侍女，公元前 101 年随公主远嫁和亲到乌孙国。后来嫁给了乌孙国大将孙右。她聪明多才，是解忧公主的得力助手。她协助解忧公主在加强汉与西域各国的交流中做出了很大贡献，深得西域人民的敬仰，尊称她为"冯夫人"，成为中国历史上第一位女外交家。

冯勤，东汉魏郡繁阳（今河南内黄县）人，曾任尚书，典掌封爵，历任尚书令、大司农、大司徒等职。

冯道，在五代时期曾任四朝宰相，在位20年。在后唐宰相职位上，曾倡议校订《九经》，并组织刻工雕印，到后周时才完成，后世称其为"五代蓝本"。官方组织的大规模刻书工程，自此开始。

冯梦龙，明朝文学家，所著小说《三言》在中国文学史上享有很高的地位。

冯子材，清末著名老将，年近70岁还带兵上战场，在广西镇南关、凉山等地打败法军，威震边关。

许国生许姓

1. 洗耳除污

中国自古有"洗耳恭听"之言，在河南登封远古时有一个人相反，他"洗耳不听"。

据说，距今4000多年的尧帝执掌天下时期，在箕山之麓、颍水之滨（今河南登封沿颍水到许昌一带），有一个部落在这里活动，他们生活得很安静，部落领导人叫许由。

许由，炎帝后裔，学识渊博，才能超群。他精通农桑，清欲存志，为族人谋划勤政，发展农耕，做出了贡献。许由把他的部落治理得兴旺富庶，业盛民安。许由过着隐居山林悠然自得的清新生活，非常惬意。

尧帝得知许由部族情况后，了解了许由的才智，十分高兴，亲自到箕山颍水之滨巡视。尧帝即召见许由，询问治理天下之道。许由毫无顾忌地讲出自己的观点，从先祖黄帝统天下、划九州的大业，到种五谷、养百禽、作蚕丝的农桑；从创文字、施教化，到制陶器、建屋室的文明创造等说得头头是道。进而明确提出效法先祖之为，繁荣华夏之业的主张，得出天下必昌的结论。尧听后大大赞赏，即请许由出任九州之长，统管九州，治理天下。

许由婉言谢绝了。许由生性自由，生活闲适，不拘礼节，过惯了自由自在的隐士生活，不受人事约束。尧帝再三请他出

插图1-6-1 许由洗耳图
许由为四千多年前尧帝时的隐士，超脱尘俗、不问世事，结志养性，优游山林，听说尧欲让帝位于己，感到耳朵受到污染，即临水洗耳。其友巢父以许由洗耳之水秽浊，不让牛在其下游饮水。洗耳之意是以心性旷达为志、介入尘俗为耻。

山，他说："我让我的部落百姓衣食无忧，安居乐业，百事兴旺，此为我的大愿。"说完施礼飘然而去。

尧帝对许由治理天下的才能非常赏识，难以割舍这样的人才，又派使臣到了许由部落。使者见到许由，捧出尧帝的星符，这就是帝王的圣旨。星符传达了尧要把帝王之位禅让给大贤人许由的意图，许由一听，即以无能担当治理天下为由，又一次婉拒了尧帝的美意。

许由担心尧帝再派人来，自己的生活就会受到干扰，便想躲避起来。到哪里去呢？他儿子许峰建议到地偏的沛泽一避。沛泽是许由部族的另一个营地。

许由带领着部落向沛泽移动，路经颍水之畔，许由若有所思地停下来掬水洗脸。正巧被前来迎接他的营地之长巢父看到，便上前问为何以颍水洗脸。许由一笑，说："我不是洗脸，是洗耳，我的耳朵不愿再听到让我为官继位的话了。"二人大笑起来。

尧帝已经认定了许由这位贤才，又派使臣去找许由。使臣几经周折，才见到许由。许由正在采药，他想的仍是族人的疾苦。使臣传达了尧的旨意，让他出任大王。许由说："尧帝身边有贤才之人叫舜，他文武兼备，聪敏过人，实为今之人中豪杰，我自愧不如，应由他来接任帝位。"这一次，他不但拒绝了尧的请求，而且还推荐了另一贤士，因而受到世人的赞赏。

许由躲避归隐的地方在箕山（今河南登封东南）。那里山林茂密，清水长流，每年许由部族祭祀天地祖先，都在箕山之顶举行庄严仪式，箕山成了部族圣地。许由死后，葬于箕山。司马迁在《史记·伯夷列传》里记载："余登箕山，其上盖有许由冢。"

许由的部落繁衍生生不息，发展壮大，到了周朝，周武王封文叔在那里建许国。文叔与许由都是炎帝的后裔，属同一血脉。为团结许由部落族人，继承先业，文叔以许为姓，叫许文叔。于是，族人为纪念许由，也随着君主许文叔之姓，以国为姓。

河南省登封市是许姓寻根之地。

2. 许姓英才

公元前715年，许国被郑国灭亡，但许姓却在发展壮大。几千年来，许姓人历经沧桑之变，逐渐发展成为华夏的一个强大氏族，涌现出许多杰出人物。

许慎，字叔重，汝南召陵（今河南省郾城东）人，东汉经济学家、文学家。他博通经籍，为古文经学家，当时有"五经无双许叔重"之誉。许慎曾被推举为孝廉，后任太尉南阁祭酒等职。他所著的《说文解字》一书，收录9000多个汉字，分为450部，开创了部首编排法，这种体例被后代长期沿用。这是我国第一部解说文字原始形体结构及考察字源的文字学专著，是我国第一部字典。此书自问世以来，影响很大。

许劭，汝南安城（今河南平舆县）人，东汉评论家，尤以评论人物见长。有一则历史故事十分有趣：曹操年轻时，对许劭之名早有耳闻，于是特请他为自己的创业建功立名。许劭见了曹操，评价说："清平之奸贼，乱世之英雄。"曹操听后，大笑而去。曹操的这个名声，后来被罗贯中演义到《三国演义》中，成为"治世之能臣，乱世之奸雄"的著名论断，流传千古。

许浑，唐代诗人。"山雨欲来风满楼"的佳句，就出自许浑之手。

3. 寻根登封

厚重的文化为登封留下了许多宝贵的历史文化遗产。登封市现有文物古迹1127处，其中，国家级重点文物保护单位达16处，居全国县（市）之首，是著名的"文物之乡"。嵩山历史文化建筑群包括太室阙、中岳庙、嵩岳寺塔、少林寺常住院、初祖庵、少林寺塔林、会善寺、嵩阳书院、观星台等名胜古迹。

许由墓即是重要的一处古迹，它的确切位置在登封市区东南15公里处的箕山之巅东北端，呈圆形，直径约20米，高约6米，用杂石沙土堆垒而成。

箕山，出登封市区向东15公里即到金店乡，箕山就坐落于此。箕山是许姓始祖许由当年的隐居之地，所以又叫"许由山"。山中有许由洗耳泉、许由庙、许由冢、许由隐居处、许由祠、饮牛坑、拴牛橛等遗迹。许由山与禹王都城古阳城遗址隔河相望，颍河从山中穿涧而过，北面山坡枝叶茂密，林荫浓厚，两崖石壁如剑，石洞阴润整洁，芳草苔蔓如毯，溪水淙淙似琴，为中岳嵩山风景名胜游览区的重要旅游胜地。

中岳嵩山，登封市境内的嵩山为五岳之一，属伏牛山脉，东西绵延100公里，海拔1492米，山脉主体有太室山和少室山，太室山横亘于登封北郊，少室山位于登封市区西部。历来有"嵩山如卧""嵩山天下奥"之称。"奥"即深高之意。嵩山雄伟而丰腴，广阔以能容，林削而秀丽，挺拔以自异。山上有36峰，风景优美，文物古迹众多，被誉为我国历代发展的博物馆，历代曾多次在山中兴建庙宇、书院。而帝王禅祭、文人骚客讲学、

插图1-6-3.1 许由墓

据史料记载，许由部落主要在今天河南省许昌市鄢陵县和登封市的箕山一带生活，许由死后葬于箕山，故箕山也叫许由山。晋皇甫谧《高士传》云："许由殁，葬箕山之巅。"

插图1-6-3.2 少林寺白衣殿壁画中的比武场面

清道光八年（公元1828年）三月，河南按察使完颜麟庆到少林寺访禅，提出看少林武功，那时规定民间禁止习武，住持和尚不敢作为。麟庆为了看僧人武术，先对习武以肯定，然后说少林寺和尚练武古已有之，只要遵守国法僧纲，保护寺院清净，是能练武的。于是寺内武僧高手，率一班武僧表演了拳脚功夫和器械格斗。白衣殿壁画所绘的就是那时的场景。此幅画中，武僧身形矫捷，拆招换式，惟妙惟肖。

高僧名教传道等，在嵩山留下了众多的历史遗迹。诸如著名的汉三阙、中岳庙、会善寺、少林寺、崇阳书院、嵩山寺塔等风景名胜，远扬海内外。

少林寺，禅宗祖庭、少林武术的发源地，因其坐落于嵩山茂密丛林之中，故名。少林寺始建于北魏太和十九年。32年后，印度名僧菩提达摩到此传授禅宗。达摩被称为中国佛教禅宗的始祖。如今的少林寺已成为独具风采、博大精深、禅武合一的"天下第一名刹"，其"少林功夫"成为中华武术最深入人心的象征。寺中每一处古代建筑、殿堂楼亭都是一座座丰富的历史文化丰碑，每一件碑刻石雕、砖石墓塔、巨幅壁画都有很高的艺术价值、历史价值和观赏价值。

从少林寺往西北行2公里就到了嵩山五乳峰。登上五乳峰，可见一天然石洞，洞深7米，宽3米，这就是著名的达摩洞。相传印度僧人达摩到少林寺后，曾在此洞面壁9年，年深日久，其身影投于洞内石壁上，人称"达摩面壁影石"。石上的影像衣褶皱纹隐约可见，宛如一幅淡色水墨画像，绝妙无比。后来少林寺僧人恐影石有失，将其凿下存入寺内。现在只能看到石壁上留下的凹槽。洞前有明代双柱单孔石坊。

中岳庙，从登封市区向东4公里即到。这里四周群山环绕、风景秀丽，而庙中的历史文化，令人叹为观止。中岳庙是嵩山现存规模庞大、保存完整的古庙建筑群。中轴线上的建筑共11进，从第一座建筑中华门起，到最后御书楼，全长6.5公里，建筑面积10万多平方米。有殿、宫、楼、阁、坊、亭、台、廊庑、门庭等古建筑400余间。汉代至宋代的古柏335棵，还有上百座碑刻石雕，庙内还存有木刻道教经典版百余块。这些文物珍品为研究我国建筑史、艺术史提供了宝贵的历史资料。

嵩山脚下的古阳城遗址，是夏代最早的都城遗址，也是春秋曾为郑国和韩国的西部军事要地。遗址在登封市告城镇东北隅平坦的高地上，其夯土城墙大部分留存。此城墙高8米左右，城垣南北长约2000米，东西宽700米。城内外有大量春秋战国时的板瓦、筒瓦、陶器等遗物碎片。城内遗有战国时期的房屋地坪、储水池和输水的三通、四通管道等物。出土不少印有"阳城"或"阳城金器"等陶文戳记的战国陶量、陶釜、陶豆等，特别是王岗遗址的发现，证实了我国先秦时期文献记载的"禹居阳城""夏都阳城"的准确性，对研究中原地区古代文化，尤其是夏文化的发展史，具有很重要的意义。

插图1-6-3.3登封汉三阙雕刻画

嵩山汉三阙是位于河南省登封市嵩山脚下的三处东汉石刻建筑，分别是太室阙、少室阙、启母阙，它们是当年山祠、神庙之门阙。阙，是建筑在城门、墓门、宫门、庙门前的两个相峙对称的建筑物，古时"缺"和"阙"通用，两阙之间没有横额，作为道路使用。庙阙也叫神道阙。少室阙在登封县（今河南省登封市）城西6000米处的少室山下，少室阙保存较为完整，东西两阙相互对峙，南阙的阙壁的四周遍饰用减地平雕刻法雕成的彩画，共计有六十余幅，包括车马出行、马戏、驯象、月宫及动物图案等，这些彩画是汉代雕刻艺术的代表作。此图为雕刻"驯象图"，图中一人处于大象和骏马之间，身体倾向大象，右手一棍形，指向大象在驯象，左手牵马。形象逼真，场面紧张而严密。

七

谥号得康姓

1. 康国兴卫国生

周武王灭商得天下后，为巩固来之不易的王室政权，采取了大封诸侯的方法。在分封诸侯时，他把自己的同母弟弟姬封分封到康地（今河南禹州市西北处），姬封建立康国，做了开国之君。姬封为人宽厚善良，对上忠于大周王朝，对下爱护康国子民。在封邑康国，兴修水利，发展农业，康国繁荣昌盛，百姓安居乐业，人们尊称姬封为"康叔"。

周武王在分封时，为了安抚殷商遗民，就把他们安置到原纣王国都朝歌（今河南淇县）一带，并派商纣王的儿子武庚去管理。为了防这些遗民惹是生非，又派管叔和蔡叔驻扎周围负责监督。果然武庚复商之心不死，他乘周武王去世、年幼的周成王刚刚继位之机，联

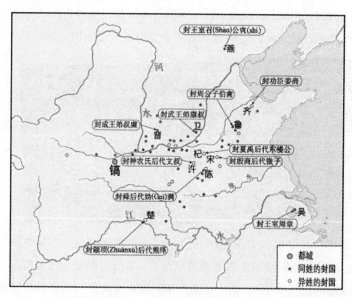

插图1-7-1周武王分封示意图

周武王姬发继承父亲遗志，于公元前11世纪消灭殷商王朝，夺取全国政权，建立了西周王朝。为加强对各地的统治，他进行了大规模分封功臣谋士，总计分封71个诸侯国，其中兄弟之国15个，同姓之国40余个，这些诸侯国成为周王室的屏藩。诸侯再在自己的封地里分封卿大夫，卿大夫又在自己的封地里分封士，从此自上而下统治人民。

络管叔和蔡叔，勾结东夷，举兵叛乱，阴谋反周兴商。远在西部的周成王和周公，尚不得详情。在这危急的时刻，靠近武庚封地康国的姬封，发觉武庚的动静，立即派人急往镐京（今陕西长安）报告情况。

成王接到康叔的敌情报告，即令周公姬旦统率大军东征。在平定武庚的叛乱过程中，康叔积极配合，始终站在平叛第一线。武庚之乱很快被平息下去。

康叔姬封在平叛前后起了重要作用，立了大功。为此，得到周成王和周公的封赏，把武庚和殷商遗民所有封地，都划给了康叔姬封。康叔从地处康地（今河南禹州市

西北处）的康国迁移到了新封地，改康国为卫国（今河南省鹤壁南、新乡北卫辉市附近）。

康叔把在康国理政治国的方法延续下来。他经常深入民间，体察民情，受到人民的拥戴。管理政事上，任用贤能，听取不同意见。发展生产，学习先进经验。经过十几年的努力，卫国成为富庶一方的诸侯国。康叔治国的成就，不但受到人民的称赞歌颂，也得到了周公的肯定。周公奏明周成王，以功臣之名封康叔为司寇。自此，康叔出则为周王朝的繁荣昌盛操劳，入则为卫国的臣民谋利，忙碌在周王朝和卫国之间。

康叔死后，谥号为"康"，即"使民安乐"之意。康叔后人以其功绩、声誉为荣，取其谥号为氏，称康姓。康叔自然成为康姓的得姓始祖。

2. 康姓圣地

康叔姬封起家于今河南省禹州，康姓之源在禹州，禹州成为康姓的寻根之地。

禹州位于许昌市西部，地处中原腹地，为河南首批历史文化名城。在原始社会末期，它是夏部族活动的中心区域，又是中国从原始社会走向奴隶制社会，形成国家概念的第一座首都，素有"华夏第一都"之称。曾作为夏朝都城夏邑和春秋战国时期韩国的都城阳翟，并作为颍川郡治所，禹州有着丰富的历史人文遗存，拥有国家级重点文物保护单位 5 处，省级重点文物保护单位 40 余处。

境内各类古建筑群 26 处，官宦墓葬 300 余处，帝王陵墓 7 处，大型寺庙宫观 8 座，小型古迹景点 763 处。其中大禹遗迹、夏文化遗址、全国保存最完整的药商会馆——怀帮会馆、秦相吕不韦故里、南北朝时期后晋褚太后故里、画圣吴道子故里、钧台钧官窑遗址、后汉皇帝刘知远墓等在全国均属独一无二。黄帝遗迹、逍遥观、东岭关、周定王陵、妃子墓等也是屈指可数的文化遗迹。中国历史文化名镇神垕镇的钧瓷，历史悠久，名扬海内外。

3. 康氏英才

康姓得姓有 3000 多年的历史，世代繁衍，生生不息，人丁兴旺，名人辈出。

康泰，三国时东吴人，曾和朱应出使扶南等国，游历了 100 多个国家，为中国早期远行海外的旅行家，著有《吴时外国传》。

康海（公元 1475 年—1540 年），明代文学家，字德涵，号对山、浒西山人、沜东渔夫，陕西省武功人。弘治十五年（公元 1502 年）状元，任翰林院修撰、经筵讲官等。正德五年（公元 1510 年），刘瑾被诛，康海受牵连而被免职。归乡里后，以山水声伎自娱。他是"前七子"之一，所做杂剧、散曲、诗文集多种。

康大和，明朝皇帝称赞大和为"一代儒宗"。他是嘉靖、隆庆、永乐三朝元老，

学问渊博，治学严谨，为官清正，勤政爱民，为人"朴实敦厚，不事表举"。其道德文章，为世人所推崇。

康有为，广东省南海人，近代资产阶级改良派代表人物之一。1895年联合会试举人上书朝廷，"公车上书"要求变法，后依靠光绪帝发动"戊戌变法"，遭慈禧镇压逃亡日本。民国六年（公元1917年）七月和张勋拥清朝废帝溥仪复辟，12天后失败。有《大同书》《少年中国说》等著作传世。

叶公定叶姓

1.叶邑叶公

春秋时代，楚国楚平王执政时立儿子建为太子，并以伍奢、费无极为辅。楚平王二年，太子建秦国籍的未婚妻被父王楚平王所夺，父子之间遂生裂隙。由于费无极的挑唆，楚平王六年（公元前523年），太子建被迫离开楚都，迁居城父（今河南宝丰东）。次年，费无极又向平王进谗言，诬陷太子建要联晋叛楚作乱。楚平王要将他处死，太子建便逃奔宋（今河南商丘一带）避难。后宋国发生内乱，他又跑到郑国（在今河南新郑），郑国以礼相待。但他却恩将仇报，利用郑人对他的信任，与晋人策划袭击郑国。郑人察觉，拿到证据，将他杀死。太子建的儿子叫胜，人称白公。太子建被杀后，白公胜跑到吴国避难。

公元前516年，楚平王死，不满10岁的太子壬继位，改名熊轸，是为楚昭王。楚昭王执政后，野心勃勃，不断向外扩张疆土。在他南征北战中，他的两员战将沈尹戎和沈诸梁父子二人为楚国攻城占地、扩张疆土立下赫赫战功，深得楚昭王的重用和信任。这一年，楚昭王又发动了征伐吴国的战争，沈尹戎父子照常随军出征。可沈尹戎在

插图1-8-1 沈诸梁画像

沈诸梁，字子高，春秋末期楚国的军事家、政治家。他的曾祖父是春秋五霸之一的楚庄王。楚昭王把他封到叶邑（今河南省平顶山市叶县旧县乡）为尹，故史称"叶公"。叶公好龙但不怕龙，说其"怕龙"是历史冤案。

与吴军的激战中，命丧疆场。楚昭王为了表彰沈家的战功，便把沈诸梁封到楚国北疆重镇"方城之外"的叶邑（今河南省平顶山市叶县）为尹。沈诸梁受到了楚国朝野及四境诸侯的敬重，人称"叶公"，那一年他 24 岁。

叶公到了叶地之后，采取养兵息民，发展农业，增强国力的政策。为此他兴修水利，发动叶邑百姓修建东西二坡，用于拦洪蓄水，开创了中国古代小流域治理的先河。东西二坡的蓄水使 10 万亩农田受益，发展了生产。沈诸梁关心百姓，辛勤理政，不听信谗言，远离小人，受到了百姓的拥戴。

楚昭王二十七年（公元前 489 年），楚昭王病死在征战的军营中，楚惠王继位。楚惠王改革政治，与民生息，发展生产，使楚国得以迅速复苏，楚国又步入了争霸行列。

楚惠王二年（公元前 487 年），楚惠王把在吴国避难的楚平王太子建的儿子白公胜接回楚国，授他为巢县大夫。白公胜喜好军事，礼遇士人，但他始终不忘报杀父之仇。楚惠王六年（公元前 483 年），白公胜向令尹子西请求出兵讨伐杀父的仇敌郑国。但子西只是口头答应，并没有给他派军队。

楚惠王八年（公元前 481 年），晋国讨伐郑国，郑国向楚国告急，楚国派子西救助郑国，子西救郑后接受郑的贿赂离开了郑国。白公胜很生气，立即和勇士石乞等人在朝堂上发动袭击并杀死了令尹子西、子綦，趁机劫持了惠王，把他囚禁在高府，必欲杀死而后快。惠王的随从屈固背着惠王逃到楚昭王夫人的宫内，躲藏起来。白公胜自己登位做了楚王。

一个月后，忠君爱国的沈诸梁立刻调集楚军，披挂上阵平叛。楚军斗志旺盛，奋勇杀敌，兵临都城之下，一举破城而入。白公胜的军队见大势已去，纷纷投降。楚军到处搜捕白公胜。白公胜逃到后山，绝望自缢而死。

沈诸梁安顿好城中百姓，亲自迎驾复位。楚惠王处危得救后，对沈诸梁更加赏识和信任，又把南阳地界划归给他，扩大了他的邑地，并加封为一等公卿，同时使其兼令尹和司马之职。沈诸梁为国日夜操劳，为邑地的百姓用尽心力。楚国又振兴了，然而沈诸梁也老了。年老的沈诸梁有了退隐之心。他主动让贤，要告老还乡，叶落归根。楚惠王劝留不住，赏赐给他许多珠宝财物，只好准了他的请求。沈诸梁回到故乡叶邑，受到父老乡亲的热烈迎接。从此，叶公沈诸梁在故土安度晚年，与乡亲们在一起，其乐融融。年迈的沈诸梁感慨万千，以"叶公"身份，向叶邑的百姓们提议，为了不忘祖根，以叶为姓。

叶姓自此诞生，叶公沈诸梁成了叶姓第一人，被尊为叶姓之祖。

根据《周礼》规制，叶公去世后，即被立祠享祭。叶公沈诸梁又是世界叶姓华人公认的始祖，死后葬在叶邑，后人建有"叶公陵园"。陵园位于叶县叶邑镇旧县村西北 1.5 公里处澧河南岸的栗树岗。发源于伏牛山脉的澧河，流到这里形成了一个半环球形的河道，河湾环抱着陵园大半周。陵园东南另一条发源于伏牛山脉的烧车河，在此与澧河交汇，合抱陵园。叶公陵园南、北以大别山、伏牛山为屏，山水环抱，群岭起伏，气势非凡。园内的建筑以中轴线对称布局，依次有大门、叶公问政殿、碑廊、祓恩殿、墓丘、兴祖亭、望慈亭等，殿宇雄伟，碑碣林立，苍松翠柏。每年清明前后，海内外叶姓后裔，纷纷回乡寻根拜祖，叶公陵园是他们寻根问史的胜地。

2. 好龙之是与非

"叶公好龙"把叶公沈诸梁讽为一个"口是心非"的人物，流传千古，汉代大文学家刘向堂而皇之地写进了自己的经典史著《新序·杂事五》中，一直作为孩子启蒙教材的一个生动范例。这一讹传引起了叶氏家族的重视。

公元前489年孔子率弟子周游列国，到叶地专程拜访叶公沈诸梁，希望能得到叶公的重用。在叶期间，他多次和叶公谈政论道，可二人的观点大相径庭，在治国理念上发生了根本分歧。叶公沈诸梁是法家，主张依法治国，提倡六亲不认；而孔子是儒家，注重亲情伦理，反对大义灭亲。政见不合，道不同不相为谋，叶公沈诸梁理所当然不会任用孔子。孔子在叶邑不被欢迎，甚至就连叶邑的农夫都讥讽他"四体不勤，五谷不分，孰为夫子"？他只得离叶北返。

孔子在叶邑受窘，他的弟子们一直耿耿于怀，对叶公沈诸梁颇有非议。后来，他的弟子中有好事者，知道了叶公沈诸梁喜欢画龙的爱好，就杜撰了贬叶公的一个《叶公好龙》的寓言，隐喻叶公只徒虚名，不做实事，是个伪君子。那时孔子的学说还没被统治者重视，他的弟子所编造的叶公故事，影响有限。到了西汉，儒学兴起，大儒刘向将扬儒的叶公故事，收入到他主编的《新序》一书中，"叶公好龙"的寓言故事，以明显的教育意义广为流传。所以，"叶公好龙"的故事，反映了汉代儒家思想走向独尊地位，贬斥楚道之风的重要意图。

3. 叶县寻根

叶姓历史久远，叶姓的读音在历史发展中有所变化。古音读作"shè"，后来规范读作树叶的叶，延至今天。

叶县是叶氏寻根的古城。叶县古称昆阳，西汉末年著名的昆阳之战，就在这里发生。叶县的"叶邑古城"，为万里长城百关之一，是目前黄河以南唯一的一座楚城，现有城墙遗迹2000多米。叶县出土的青铜编钟、青铜升鼎，为春秋时期的珍品。保留的黄庭坚《幽兰赋》

碑刻12通，是我国书法宝库中的绚丽瑰宝。叶县还有原始人活动遗址、孔子游叶处、霸王城、讲武台等古迹，都闪烁着悠久历史文化的光芒。

叶氏得姓之后，诞生许多望族，海内外华人中的叶姓，总以"叶氏南阳堂"自居。

插图1-8-3叶公沈诸梁墓

叶公沈诸梁墓在叶公陵园，陵园位于河南省平顶山市叶县叶邑镇旧县村北澧河南岸，历史上曾遭破坏，1994年修复，占地两公顷，墓冢高大，翠柏簇拥，建筑典雅，布局严整，是海内外叶公后裔寻根问祖和人民群众瞻仰谒拜的胜地。

散居各地的叶氏族人，出现了很多名人。

叶适，宋代著名哲学家、思想家。在哲学、史学、文学方面都有成就，是南宋"永嘉学派"集大成者，其著述自成一家。主张"通商惠工，以国家之力扶持商贾，流通货币"，反对传统的只重农业、轻视工商的政策。著有《习学记言》《水心先生文集》等。

叶子奇，明代学者。反对佛、道思想，著有《草木子》4卷，其中记载元末红巾军起义事迹颇详。

叶兑，元末明初名儒。他以平民身份向朱元璋献计，建议"北绝察罕，南并张士诚，抚温台，取闽越，都金陵"之方略，称"一纲三目之天下大计"。数年之后朱元璋削平天下，其攻取次第略如其计，事如当年诸葛亮隆中对一样。

叶茂才，明朝官吏。与顾宪成、顾允成、高攀龙、安希范、刘元珍、钱一本、薛敷教并称"东林八君子"。

叶问（公元1893年—1972年），本名叶继问。在短短22年（公元1950年—1972年）之间，不但在港澳台地区把咏春拳发扬光大，更将咏春种子散落到世界每一角落。他生前培养出梁相、叶步青、招允、李小龙等一班出色弟子，每个人都能继承宗师遗志，进一步发展咏春拳，故宗师逝世后，咏春门人一致推崇他为咏春派一代宗师。

文姓根在许昌

1. 姜种与文种

春秋时期，中原有一小国，叫许国（今河南省许昌），国君是许元公。他有一大夫叫姜种。姜种崇尚周礼，主张以德治理天下，使许国安定繁荣，百姓安居乐业。大家十分拥戴姜种。可是楚国欲取中原，灭了许多小诸侯国之后，又指向了许国。楚军压境，许军与楚军一战失败，十分危急。姜种挺身而出，到楚营讲和，楚虽然答应讲和，却扣留了姜种做人质，以要挟许国。可是，几年之后，楚国负约了，再次发动大军攻许，许国终于被灭。

姜种气恨交加，怀着满腔仇痛化装逃出楚国。一路上为躲楚兵追杀，以改换姓氏的方式作身份的掩护。他想，自己是文叔后裔，文叔一向主张以文治国，所以将姜姓改为"文"姓，叫文种。文种最后逃到越国，受到越王的器重，任其为大夫，

与越国大夫范蠡成为好友，共辅越王。

这位由"姜种"改姓的"文种"，为越国做出了很大的贡献。

春秋时期南方的越国，历数十世至越王允常时，国势渐强。与越国相邻的吴国也较强大，并四面征伐不断。吴越两国边境争端连年不断，怨仇越积越深。公元前496年，越国换主，允常死，勾践即位。文种正是在这关键时刻来到越国的。

吴国吴王阖闾乘越国换主之机，发兵伐越，勾践带军迎战。越国兵少，但善战，善用计谋。结果阖闾在战场上中箭身亡，吴军大败。阖闾之子夫差继位，从此与越国勾践结下了不共戴天之仇。

三年之后，越王勾践得知吴王夫差日夜练兵，图谋复仇。他想主动出击，先发制人。谋臣范蠡劝谏勾践缓战，时机不成熟。但勾践不听，出军伐吴，一战即败，被围困于会稽山上。此时勾践才后悔当初没有听范蠡的劝阻，导致惨败。现在被困山上，不知如何是好。深谋远虑的范蠡说："现在只有投降一条路，我们先以卑辞厚礼向吴投降，再以许身为奴作条件，尽人事以待天命。"勾践依从了范蠡之意，即派大夫文种前去求降。

文种大夫到吴军阵前，"膝行顿首"低声下气地陈述投降之意，夫差心动，但却遭远见卓识的伍子胥拒绝。文种返回汇报了情况，又生一计。文种认为买通吴国贪欲的太宰伯，即可达到目的。

按文种之计，他们给伯送去美女和许多金银财宝。随后，夫差便答应了勾践的条件。勾践带范蠡入吴为奴，忍辱受屈。文种则于越国发奋图强，治理国家。夫差对越国逐渐放松了警惕，三年之后，夫差放走勾践。勾践返国，卧薪尝胆，经过十年努力，越国转弱为强。勾践十五年，夫差率兵北赴黄池（今河南封丘）会盟诸侯。范蠡建议勾践乘机攻吴，勾践立即率领大军，攻入吴国，占领了吴国都城。越国终于吞并了吴国。

越国大胜，范蠡急流勇退，带家人远走他乡，另谋生计。范蠡走时，给好友文种留下一信，劝文种说："飞鸟尽，良弓藏；狡兔死，走狗烹。可与越王共患难，不可与其共安乐。子若不去，将害于子。"让文种赶快离开越国，以免有杀身之祸。

文种将信将疑，称病不朝。有人向勾践进谗言，说文种要谋反。勾践轻信传言，就赐文种利剑一把，让其自刎。文种仰天长叹："我后悔未听范蠡之语，正是不食善言，祸由自取。"说罢举剑自杀。文姓一代英才，毁于昏王的自以为是之中。

2. 文氏英才

文种死后，文种家人自此以"文"为姓。文姓后代辗转各地，代代繁衍，发展壮大，为中华民族做出了贡献，并出现了许多杰出的文姓人物。

30

插图 1-9-1 吴王夫差铜鉴（河南省辉县出土）
此为吴王夫差之鉴，在鉴内有十二个字的铭文，表明是吴王夫差亲自作御鉴。此件铜鉴，四面有两两相对的龙头和神兽作装饰。两龙头伸颈而望，两神兽爬行状，已爬到鉴口，形象生动活泼，颇具妙趣。鉴，为古代生活用器，是盛水或冰的器皿，盛行于春秋战国。形体一般很大，像盆、大口、深腹、无足或有圈足、多有两耳或四耳。古代在没有普遍使用铜镜以前，常在鉴内盛水用来照影，因而后来把铜镜也称为"鉴"，又称"照子"。此鉴出土于河南省新乡市辉县，铸造精细，构思巧妙。

文彦博，北宋宰相，汾州介休（今属山西）人。他前后任事约 50 年之久，名闻四夷，后被封为潞国公。

文天祥，吉州庐陵（今江西吉安）人，1276 年任南宋右丞相，被派往元军中谈判，后被扣留。脱险后，南下福建与张世杰、陆秀夫联合抗元。1278 年被俘，作《过零丁洋》以明志。后被押送至元大都，几经威逼利诱，始终不屈。1283 年 1 月 9 日遇害。

文徵明，明代书画家，长洲（原江苏吴县，1995 年撤销）人。文徵明出身官宦世家，数次科考均名落孙山。54 岁才由贡生被荐为翰林待诏，但只居官 4 年即辞归，致力诗文书画 30 余年。诗文书画皆工，尤精于画。他与沈周、唐寅、仇英合称"明四家"，名重于时，子弟甚多，人称"吴门派"。

文康，小说家，清代满洲镶红旗人，曾官徽州知府，后改任驻藏大臣，以病未就任，卒于家中。晚年作有《儿女英雄传》。

文廷式，政治名人，江西萍乡人，光绪进士，曾任翰林院侍读学士。他赞成光绪亲政，支持康有为发起强学会，因而受到慈禧太后的嫉视，被参革职。戊戌变法发生后，东渡日本。他能诗词，也有慨叹时事之作，著有《云起轩诗抄》《闻尘偶记》等。

文祥，清代洋务派首领之一，盛京（今辽宁沈阳市）正红旗人。他曾历任清朝工部右侍郎、吏部右侍郎，1861 年充任总理衙门大臣，参加"祺祥政变"。后官至武英殿大学士、军机大臣。他奉行奕䜣的主张，竭力推行洋务"新政"。

文姓的寻根之地在许昌。

许昌市位于河南中部，为中华民族发源地之一。周代时，文叔封于此，建许国。魏文帝曹丕废汉立魏，因"魏基昌于许"，故称许昌，沿革至今。许昌地处要冲，历史上为兵家逐鹿之地。东汉建安元年，曹操"挟天子以令诸侯"，迎汉献帝迁都于许昌，许昌成为当时中国北方政治、经济、文化的中心。许昌风云际令，英杰辈出。西汉名相晁错、东汉名士荀淑、楷书鼻祖钟繇、著名谋士郭嘉、画圣吴道子等均出生于此；欧阳修、范仲淹、苏轼、苏辙等文人名士都曾流寓于此览胜、讲学，留下鸿篇佳话。

插图 1-9-2 墨竹图（明代文徵明绘）

竹，历来被文人高士用来表现清高脱俗的情趣，成为人格、人品的形象写照。此幅《墨竹图》中，画家粗笔之笔墨苍劲淋漓，粗简之中彰显了层次和韵味；细笔之笔墨布景繁密，细密之间又见精熟而稚拙；设色多青绿重彩，鲜丽之中却透清雅之味。全图造型规整，而棱角与变形之笔法，平添了中国水墨画中的鲜活与灵动之妙。文徵明，是明朝中期最著名的书画家之一，同沈周共创"吴门派"，与沈周、唐寅、仇英合称"明四家"。文徵明书画造诣全面，一专多能，能青绿，亦能水墨，能工笔，亦能写意。山水、人物、花卉、兰竹等无一不工。这幅《墨竹图》是其代表画作之一。

第二章

豫西姓氏风云

寻根

第二章 ——— 豫西姓氏风云

壹 程姓出程国

贰 洛阳两支王姓

叁 北魏洛阳改姓氏

肆 贵姓刘氏

伍 商祖赐汤姓

陆 武丁王赐武姓

柒 毛国毛姓源

捌 陆浑国陆姓

玖 郭姓衍于虢国

拾 弘农杨氏

壹拾壹 周王立周姓

程姓出程国

1. 黎国改程国

上古时，人们吃的是野果生肉。后来，人们发现了火，开了吃熟食的先河。人们在寻找火源时发现，击撞石块能生火，钻木也能取火。此后的各部族都设立了司火的官。

五帝之一的颛顼帝时代，管理火的官叫"火正"，其职责是专门保护火种，供族人用火。担任这个要职的人叫黎。

插图 2-1-1 原始人狩猎壁画

为了生存，原始人大都是狩猎者，狩猎成为他们的生活方式，成为他们几乎唯一的生活来源。

重和黎是古史传说中的"五帝"时期的人物。传说，上古时候，民间祭祀很乱，社会很不稳定。颛顼高阳氏为了使百姓从杂乱的祭祀活动中解脱出来，安心生产，就委派他的孙子重为南正之官，掌管祭祀神灵；重的弟弟黎为火正之官，掌管民事，管理火种。后来重和黎的子孙世袭了这一官职。

到了商代，商王封重、黎的后裔建国，为黎国，黎国在今山西长治一带，是商朝一个重要的方国。商朝末年，纣王荒淫无度，滥施刑法，残害臣民。黎国人民也深受殷纣王残酷统治之苦。此时的黎国之君叫伯符。

殷纣王的残酷统治引起了天下人的公愤，其中西伯侯姬昌反商力量最强。他去世后，他的儿子周武王姬发，率领大军讨伐殷纣王。讨商大军浩浩荡荡，直指纣王都城朝歌。征讨大军节节推进，一路凯歌，所到之处都受到百姓的欢迎。

黎国国君伯符对周武王的人品、才能早有耳闻，心存敬佩。周武王的大军路经黎国时，伯符认为决定国家命运的重要时刻到了。他召集文武大臣商议，是保商还是从周，要做出选择。他们对殷商的残暴统治早已不满，却不敢反抗，因为黎国毕竟是商朝的一个方国，国小势弱，无力抗殷。伯符认为当前周武王以不可阻挡之势讨伐殷商，黎国要顺应大势，归服在周武王讨商大旗下，共同反商。伯符的建议得到大家的支持。周武王得知后，热情相迎。黎国加入了周武王伐商的统一战线。

牧野一战，周武王的联军打败了纣王军队，纣王自焚而死，商朝灭亡，周朝建立。周武王胜利后，大封功臣，许多王侯贵族都被封为诸侯。原黎国的国君伯符也在被封之列，把上程聚作为他的食邑。伯符在上程聚建国，把原国名"黎国"改为"程国"。程国，在今洛阳东一带。

周武王去世后，由他儿子姬诵继位，是为周成王。周成王年幼，由周公姬旦辅佐朝政。原殷商归都一带的殷商遗民，乘机反叛要复商，周公亲率大军平叛。此时的程国国君已传至伯符之孙休父。休父得到周公平叛的消息，积极要求参战，周公很高兴地接受了他的请求。休父在战斗中英勇善战，立了大功，被封为伯爵。

周公平定叛乱后，休父回到程国。

程国地处河洛之滨，土地肥沃，适于发展农耕。休父继承祖业，积极治理因战乱而被破坏的国家，安顿百姓。几年之间，程国逐渐兴旺起来，休父受到百姓的爱戴。在国富民乐中，休父想到了要定姓氏以安民心，这是国之大事。于是，他向国人提议，程国百姓以国为姓，姓程，既符合大势，也是继承先祖的最好办法。他的意见得到国人的拥护。

一个以国为姓的新姓氏，又诞生在了中原大地。程姓在三千多年的历史中，不断繁衍，望族辈出。

程昱，汉魏之际的名臣，有谋略，能断大事。黄巾起义时保卫本县，后归附曹操，有战功，官至尚书。曹操称赞他"程昱之胆，过于贲、育"。

程颐、程颢，洛阳嵩县人，北宋时宋明理学的奠基人。二人都是当时大儒周敦颐的学生，程颐人称"伊川先生"，程颢人称"孟子以后一人而已"。二程继承孔孟，成就卓著。二程在嵩山书院讲学时，有两学子求学在讲堂外等候。正值大雪，大雪深三尺，可这两学子仍站立雪中，留下了"程门立雪"的美谈。

2. 程氏寻根地

古程国在今河南省洛阳市，为程氏寻根之地。

洛阳，北据邙山，南望伊阙，洛水贯穿，东踞虎牢关，西控函谷关，四周群山环绕、雄关林立，因而有"八关都邑""山河拱戴，形势甲于天下"之称；而且雄踞"天下之中"，"东压江淮，西挟关陇，北通幽燕，南系荆襄"，人称"八方辐辏""九州腹地""十省通衢"。历朝历代均为诸侯群雄逐鹿中原皇者的必争之地。以洛阳为中心的河洛流域地区是中华文明的发祥地之一。中国古代伏羲、女娲、黄帝、尧、舜、禹等先祖都曾都居住于此。洛阳也是中国300多年文明的帝都王城，从夏朝开始先后有13个王朝在此定都，有105位帝王在洛阳指点江山。它是我国历史上唯一被命名为"神都"（神州大地之首都）的城市，是中国建都时间最早，时间最长的城市之一。

千年帝都，昔日城林繁华，宫阙嵯峨，天下文人名士云集于此，吟诗作赋，留下千古风物胜迹，有史可稽的就有"洛阳八景"，广泛流传民间，如"龙门山色""金谷春晴""马寺钟声"等都是游览胜地，文化遗产丰富。

龙门山色：龙门两山对峙，伊水中流，山清水秀。西有龙门山，为石窟精华所在；东有香山；北有琵琶峰，是白居易墓园所在地。雄伟的石拱桥，横跨伊水之上。

金谷春晴：金谷园是西晋豪富石崇的别墅。从洛阳老城往东北走7公里有金谷洞，是金谷园的遗址。当年石崇与另一富翁王恺比富时，在这里修造了一座豪华别墅，叫"金谷园"。园随地势高低筑台凿池，依山形水势，造园建馆，挖湖开塘。周围几十里内，楼榭亭阁，高下错落。石崇派人带上绢绸和铜器、铁器，到南洋换回珍珠、玛瑙、琥珀、犀牛角、象牙等贵重物品，用来装饰园内建筑。花团锦簇，小鸟啁啾，蝴蝶翩翩飞舞。那是金谷春晴的人间仙境。

还有汉魏洛阳故城遗址、二里头遗址、玄奘故里、龙马负图寺、王铎故里、千唐志斋博物馆等都是洛阳重要的历史文化遗产。

插图 2-1-2 金谷园图（明仇英）

金谷园是西晋富豪石崇之别墅，石崇结诗社二十四人，史称"二十四友"，朝夕游于园中，饮酒赋诗。金谷园为"洛阳八景"之一。唐代诗人刘禹锡诗云："金谷园中莺乱飞，铜驼陌上好风吹。城东桃李须臾尽，争似垂杨无限时。"仇英，明代著名画家，擅画人物，尤长仕女，既工设色，又善水墨、白描，能运用多种笔法表现不同对象，或圆转流美，或劲丽艳爽。此画笔法工细精确，状写文人雅集，又突出富贵景象，气象雍容。

洛阳两支王姓

1. 半人半神太子晋

38

远古时代，黄帝是姬姓轩辕氏部落的首领，根据《说文》的记载，起初黄帝居住在姬水，因而姓"姬"。黄帝嫡系子孙世世代代仍旧以姬姓相沿袭，直到三千多年前的周文王姬昌、周武王姬发父子，仍然继承着祖传的姬姓，建立了中国最长的王朝周朝，史称西周，统治陕西关中一带。西周灭亡之后，周平王继位迁都于洛阳，统治中心移入中原，史称东周。东周第十一位王是周灵王，周灵王儿子晋被立为太子。

太子晋聪明早慧，未成年已名闻诸侯。15 岁时，晋平公派使臣叔誉入周朝贡。叔誉见到了太子晋，发现太子晋口才超群，非常佩服。他回到晋国后向晋平公说："太子晋行年十五，才识过人，能言善辩，我都不是他的对手。"另一位大臣盲人音乐家师旷听到此话，不以为然，请求进朝一见。师旷入朝与太子晋交谈热烈，从天地万物到圣贤君臣，从立国之道，到安民之策，话题广泛，太子晋谈锋犀利，师旷大为折服，即对太子晋说："我是个盲人，看不见别人辩论，只是靠耳朵听，王子，你的辩才使我感到以后你会成为天下之大王。"

周灵王二十二年（公元前 550 年），京师洛阳附近的谷、洛二水泛滥成灾，严重威胁着王宫的安全。周灵王准备采取壅塞河道的办法来治理水患，而太子晋却持反对意见。太子晋在周灵王面前力陈不可用堵塞河道的办法的理由。坚持应该因势利导，开通河道，顺其自然，水灾方除。但周灵王自以为是，不但没采纳太子晋的意见，反以忤逆之罪，废掉了晋的太子名位。

太子晋被废之后，心忧国事，英年早逝。他的后人也因此受到牵连，沦为平民。至今在缑山（河南洛阳偃师市）一带流传着太子晋"葬剑冢"的故事。

传说，一天太子晋游猎到了缑山东麓的黄鹿岗，看见一只鹿，太子晋急张弓搭箭，那鹿中箭狂奔而逃。太子晋紧追不舍，追至缑山东北五龙之口，沟豁开朗，流水潺潺，桃花盛开。鹿已无踪影，见一山洞，洞口一老翁站立，鹤发童颜，仙风道骨，此为远古神仙浮丘公。太子晋上前施礼，问他可见逃鹿。浮丘公已知他在朝中遭遇，看他气度不凡，有意收徒学道。遂从袖中取一小鹿，置于掌心，问太子晋："你找的可是这只小鹿？"说罢翻手，小鹿飘然落地，现出原形，身上有太子晋所射之箭。太子晋意识到遇见了仙人，急忙下拜，表示愿做仙翁门徒。浮丘公当即拿出一把剑，交给太子晋，要他马上返回宫室，杀死宫妃，之后将宝剑悬于宫门，以绝凡尘之念。太子晋连夜回宫，依仙翁所示做完，返回缑山。次日，周灵王早朝，有人急报，太子晋在宫门自缢而死。周灵王悲痛万分，念其爱子生前酷爱缑山，便在缑山埋葬了儿子的遗体。其实太子晋的遗体，就是仙翁所给的宝剑化身。

　　武周圣历二年（公元 699 年）二月初四，武则天从东都洛阳去登封嵩山封禅，返回时途中留宿于缑山，游览了刚竣工的"升仙太子庙"，一时触景生情，即立碑纪念，撰写碑文，并亲为书丹，称为"升仙太子碑"。升仙太子碑今立于偃师府店镇的缑山之巅。碑高 6.70 米，宽 1.55 米，厚 0.55 米，盘龙首龟座高 1.3 米。碑额用飞白体书写着"升仙太子之碑"六个大字，笔画丝丝露白，有似枯笔写成。碑文 33 行，每行 66 个字，行草相间，笔画婉约，婉转流畅，意态豪纵。碑文内容记述了太子晋骑鹤升仙的故事。武则天用以比拟自身，歌颂武周盛世太平。碑文上下款和碑阴的

插图 2-2-1 升仙太子碑拓片

立于缑山的升仙太子碑，龙首龟趺，首身一体，武则天亲自撰写和书丹的 33 行碑文共 2178 字。以今草为主，行书辅之，具有章草韵味。升仙太子碑具有很高的文献价值与艺术价值，是河洛大地艺术宝库中的珍品。

《游仙篇》杂亥诗以及诸臣题铭等书于神龙二年，分别出自薛稷、薛曜、钟绍之手，下为相王李旦的题记和从臣题名。字体神韵妍华，遒劲有力，实为书法之妙品，历代书法爱好者，都视"升仙太子碑"为书法艺术珍品。

　　缑山一带的百姓们，对太子晋十分敬仰，民间把他描绘成半人半神的人物，受到人们信奉和敬仰。

　　太子晋的后代人认为太子晋虽被无理废位，但他毕竟出身帝王之家，为了纪念他的王族身份，便以王为姓。后来，这支王姓人尊奉太子晋为王姓祖先。所以，这一支的王姓人把洛阳看成是自己的寻根圣地。

　　洛阳王姓的另一支是在南北朝时形成的。当时北方鲜卑人南进中原，建立了北魏王朝。为了王朝的统治，孝文帝进行了一系列的汉化改革，其中包括改姓运动。

鲜卑族中有一支贵族为"可赖氏",于公元494年改为单姓"王"。

从此,洛阳又多了一支王姓。这一族又逐步与中原各部族融合,成为中原王姓的一部分。

2. 王姓人才辈出

王姓杰出人物在中国历史上闪烁着光芒。

王建,许州舞阳(今河南舞阳)人,为五代十国时前蜀开国之君。王建年轻时做宰牛和贩私盐生意,后应募入伍,升为将军。在唐末战乱时,他乘机在巴蜀发展,兼并割据势力,独霸一方。唐灭之后,他在成都称帝,建立蜀国。建国后他推行文治政策,发展生产,使巴蜀富庶一方。特别是他称帝后能兼容并蓄,招纳贤士,使得前蜀成为当时少有的几个文化中心之一。蜀国历二帝经十九年。

王审知,光州固始(今河南固始)人,闽国开国之君。他参加了唐末王绪起义军,转战于东南沿海。王绪被部将所杀,继任者王潮不久也病死。王审知继续统领义军,统一八闽之地,举贤任能,发展农业,受封为闽王,建立闽国,为开发和治理闽地做出了很大贡献。

王昭君,西汉元帝时的宫女,主动请嫁出塞,与匈奴和亲。

王充,东汉哲学家,所著《论衡》一书在中国哲学史上影响重大。

王粲,汉末文学家,为"建安七子"之一。

王羲之(公元303年—361年),字逸少,原籍琅琊临沂(今属山东),后迁居山阴(今浙江绍兴),中国东晋书法家,有"书圣"之称,后官拜右军将军,人称王右军。其书法师承卫夫人、钟繇。王羲之无真迹传世,著名的《兰亭集序》等帖,皆为后人临摹。

王勃、王昌龄、王维均是唐代著名诗人。

王安石,宋代政治家,主持变法,升为宰相,新法失败,被罢相。他善写诗词,为"唐宋八大家"之一。

王实甫,元代著名戏剧家,所著《西厢记》为古典精品之作。

插图 2-2-2 王羲之观鹅图(元代钱选)

传说王羲之生性爱鹅,他喜欢上一道士的白鹅,就写一幅《黄庭经》换白鹅。《王羲之观鹅图》就是据传说附会而成。画面中近景树木蓊郁,竹林茂密,亭台掩映,白鹅戏水,羲之凭栏观望。远山苍翠,村庄隐现于雾霭山林间。境界秀雅明润,风格古拙高逸。青绿设色,画法直追唐人。

40

北魏洛阳改姓氏

1. 鲜卑多姓融入中原

古代中国北方有一支少数民族鲜卑人，夏代时是西北游牧民族，人称"鬼族"，西周时称"狁"，战国时称"诸狄"，战国以后成为匈奴族人中东胡的一支，秦汉时游牧于鲜卑山（今蒙古境内）一带，被称为鲜卑人。后来，其势力逐渐发展起来，建立了国家性质的联盟。此后不久，鲜卑分裂为几个互不统属的部落，并在魏晋南北时纷纷进入中原，建立了前燕、北魏、北周等许多割据王朝。其中拓跋部在中原建立了北魏王朝。

北魏孝文帝拓跋宏即帝位时只有5岁，由其祖母冯太后临朝听政，孝文帝20岁方才主政，时值太和十年（公元486年）。而冯太后的临朝直到太和十四年（公元490年），直到她死去才结束了"垂帘"。所以，北魏的改革是由祖孙二人进行的。

插图 2-3-1.1 北孝文帝礼佛图

北魏宣武帝为父母孝文帝和文昭皇太后祈求冥福而修建的洛阳龙门石窟宾阳洞里，雕刻的《帝后礼佛图》包括两部分，孝文帝礼佛图和皇后礼佛图。孝文帝礼佛图中，孝文帝头戴冕旒，身穿衮服，在诸王、中官及手持伞盖、羽葆、长剑、香盒的近侍宫女和御林军的前导和簇拥下，缓缓行进的场面。孝文帝礼佛图现藏于纽约大都会艺术博物馆。

冯太后去世后，孝文帝完全主政，他在冯太后改革的基础上，又实行以汉化为中心的改革，把改革引向深度。为了便于统治中原，他坚决把都城由平城（今山西大同）迁到洛阳，加快了改革步伐。孝文帝深受儒家思想的影响，他要用儒家思想改革鲜卑旧俗，如改服装、改籍贯、改语言、改官制、改姓氏。其中很重要的一项改革是改姓氏，把鲜卑人的复姓改为汉族人的单姓。姓氏的汉化改革，使洛阳一带出现许多新的姓氏或成为中原原有姓氏中新的一支。

鲜卑"莫芦"和"吐伏卢"在北魏孝文帝的改革中均改为卢姓。卢姓的起源有几支，源于洛阳的一支卢氏是北魏孝文帝迁都洛阳后，在进行汉化改革中而形成的。鲜卑跖拔部莫芦氏和吐伏卢氏，均改为单姓卢。卢姓在历史上的杰出人物，如东汉名臣卢植、东晋文学家卢湛、北周名臣卢辩、唐代诗人卢照邻、"大历十才子"之一的卢纶、清代政治家卢坤等人，都出自范阳卢氏。此外唐朝宰相卢杞、明朝将领卢镗、清代军机大臣卢荫溥等人，都与范阳卢氏有关。

鲜卑"丘穆陵氏"则改为穆姓。据《魏书·序纪》中记载，鲜卑拓跋部是黄帝的后代，是由黄帝的次子昌意的后裔发展而来的。昌意的小儿子受封于大鲜卑山，号曰鲜卑。至黄帝的 76 代孙拓跋毛，拓跋部已发展成为较大势力的部族，形成了"统国三十六，大姓九十九，威震北方"的局面。其中有一姓"丘穆陵氏"逐渐成为强大的一支。北孝文帝太和二十年（公元 496 年），北魏孝文帝在洛阳举行改姓运动，首先是皇族拓跋氏改姓元氏，"丘穆陵氏"也改为汉姓穆氏。当时，北魏朝廷曾强行规定："南迁者悉为河南洛阳人。"从此，中原地区便有了"洛阳穆氏"。穆姓逐渐发展成名门望族。

"吐奚氏"改古姓，所以，古姓的一支源于洛阳。

"匹娄""贺楼""贺楼"《魏书·官氏志》记载，北魏孝文帝迁都洛阳后，鲜卑族的"匹娄"姓改为单姓"娄"。同时，还改了与"娄"同音的两个姓氏：一是"贺楼"改为单姓"楼"，一是"贺楼"改为"娄"。

"丘林"和"丘敦"改为邱（丘）姓。北朝时代，原生活在我国东北部的鲜卑人纷纷迁入中原，鲜卑人的姓氏中有"丘林"和"丘敦"两个复姓。随着鲜卑人所建的北魏王朝汉化程度的加深，两个丘氏复姓也渐渐与中原人民融合在一起。至公元 596 年，他们像其他鲜卑人一样，把自己的鲜卑姓改为汉人的丘姓。至清代雍正三年（公元 1725 年），由于儒家创始人、至圣先师孔子名丘，为避圣人之讳，朝廷下旨除四书五经外，凡遇"丘"字都要改为"邱"。于是，丘姓人就把自己的姓氏改作了邱。

插图 2-3-1.2 丘处机画像

丘处机（公元 1148 年—1227 年），字通密，道号长春子，登州栖霞（今属山东省）人，道教主流全真道掌教、真人、思想家、政治家、文学家、养生学家和医药学家。为南宋、金朝、蒙古帝国统治者以及广大人民群众所共同敬重，曾以 74 岁高龄跋涉 35000 里远赴西域，劝说成吉思汗止杀爱民，闻名于世。正大四年（公元 1227 年），丘处机在长春宫宝玄堂逝世，享龄 80 岁。元世祖时，追尊其为"长春演道主教真人"。

2. 邱氏先辈

丘迟，南梁时的文学家。他 8 岁能作文，被州里举为秀才，任太学博士、殿中郎。萧衍攻打到建康时，召为主簿，令他写劝进文。梁国建立，任中书侍郎、永嘉太守。所写《与陈伯之书》劝陈伯之自魏归梁，是骈文中的优秀之作。

丘文播，后蜀时的画家，善画道家人物，兼作山水。

丘为，唐代诗人，官至太子右庶子，与大诗人王维、刘长卿结友，其诗多写田

42

园风光，大抵为五言诗作。

丘处机，宋末之初的道教全真道大宗。他 19 岁出家为全真道士，师从王重阳。王重阳死后，他在龙门山潜修而形成龙门道派。成吉思汗对他崇拜，尊为神仙。他死后，元世祖忽必烈褒赠"长春演道主教真人"的封号，其遗骨葬于北京白云观。有著作传世。

贵姓刘氏

1. 天赐贵姓

夏王朝第十三代王孔甲，建都于斟（今河南省偃师市）。故事发生在夏王孔甲的宫中。一天，天空电闪雷鸣，乌云压顶，霎时倾盆大雨从天而降。此时，王宫外奴隶居住的一间破旧的茅屋里，一个女奴即将临盆。突然，人们看到迷蒙的风雨之中，两条龙自天而降，落入湖中。随后，茅屋内传出新生婴儿的哭声。接生婆一见是男孩，惊慌地说："天上怪龙降，这小孩必是妖孽，不可留。"她不敢怠慢，赶快禀报太后。太后看男婴十分可爱，就命人叫来巫师看命相。巫师到了宫廷，仔细观察孩子的手掌，然后说："太后，这孩子手心有贵人之像。"太后大惊，忙问情由，巫师说："孩子手中的纹路像一'刘'字。我朝南涧河一带叫'刘'地，是三皇五帝所赐之名，孩子手中的'刘'，实乃天赐姓氏。"太后说："这孩子虽为宫奴所生，但应是先帝之后，就让他姓刘吧，赐名累，叫刘累吧。"

插图 2-4-1 刘累铜像

刘累是远古部落联盟陶唐氏首领尧的后裔，生活在夏代孔甲年间，因出生时手上显现"刘累"纹样，家人以为吉祥，遂以刘累为名。公元 1873 年，刘累迁徙到尧山（大龙山）东麓（河南省鲁山县）"邱公城"隐居。刘累族人改姓刘氏，中华刘姓遂刘累繁衍生息。史学界认同刘累是刘姓历史上第一位名人，是刘姓所信奉的刘姓始祖。刘累卒于鲁山县邱公城，葬于邱公城东北 30 米处。20 世纪 50 年代，修筑昭湖，刘累墓没于昭平湖中。

刘累便成了刘姓第一人，成为刘姓的始祖，偃师就成了刘姓的寻根之地。

刘累成了太后的宠儿，太后赐刘累土地作为他们母子的食邑，刘累得到了很好的生长环境。20 年后，刘累成为一名英俊的小伙子。他心地善良，经常关心奴隶，受到人们的喜爱和尊敬。

一天，刘累来到一深水潭旁游玩，突然看到潭水翻滚浪花。接着，有奇怪的动物出没于水中。动物浮出了水面，刘累上前仔细一看，是青黄两条小龙，并向刘累游来，突然又潜入水中。刘累喜欢上了这青黄小龙，久久不肯离去。

刘累常跟着夏帝孔甲去打猎。这天，刘累随孔甲打猎路过那个深水潭，潭水中的两条小龙又浮出水面。孔甲王也看到了小龙，一见就喜欢上了。随即命刘累捕捉。刘累在卫士们的帮助下终于捉住了小龙，并带回到王宫里。孔甲王认为刘累是驯养小龙的合适人选，就封他为"御龙氏"，是个驯养动物的小官，专职养龙之事。

刘累不但精心喂养小龙，还想方设法训练小龙做翻滚表演。孔甲王对小龙也越来越喜爱，经常去看小龙的表演。刘累受到了孔甲王的称赞，驯养小龙更加精心了。

太后看到刘累聪敏勤快，育龙有方，就把一位美丽的宫女赐给他为妻。

刘累受到帝王称赞，又得到太后赏赐，非常高兴。可是，不幸的事就在这时发生了。

这一天，刘累如往常一样，去给龙喂食，却发现一条龙漂浮在水面上不动了。再仔细一看，这条龙已经死了。

据《国语·周语》载："孔甲乱夏，四世耳陨。"孔甲王是一个残暴的昏君。刘累极为害怕，恐招来杀身之祸。他不敢禀奏孔甲王，又急又怕之中，悄悄把龙肉做成肉羹，献给了孔甲王，并假称是奇珍美味，以讨取帝王的欢心。他想等待机会再向孔甲王说明原因。孔甲王吃了这美味肉羹，称赞了刘累，可再去看龙表演，只能看见一条龙。多次去看，总见一条龙表演，便起了疑心。事情终于败露了，孔甲王很气愤，要抓刘累问罪。可是，卫士却扑空了。

原来刘累早知有这一天，早已做好了逃跑的准备。当事情真相败露时，深知大祸临头，立即溜出王宫逃之夭夭了。刘累一口气跑回到自己的封地，向母亲说明原委，带上母亲和妻子逃走了。一家急急忙忙出了都城，慌慌张张地向南跑去。他们跑到一座山中，一打听这是到了鲁山县（今河南省鲁山县）的地盘，刘累觉得已到了远离都城的安全之地，于是就居住了下来。

刘累一家在鲁山平安无事，再没听说夏王追究。于是，刘累一家在此定居，传宗接代，生息繁衍。刘姓人丁兴旺，并向四外迁居，逐渐成为望族。

到周王朝周宣王时代，刘累有一裔孙叫刘隰叔，迁居晋国，其子刘士做了晋国大夫。刘士的孙子刘士会曾奉晋襄公之命出使秦国，去接寄居于秦的弟弟回国继承王位。但回国的路上，却遭到晋军的袭击。原来晋襄公已另立儿子为新君了。他们只好再返回秦国，留居那里。刘士会还在秦任了官职，其世代在秦国发展，成为刘姓的另一支重要支脉。

2. 刘姓名人

刘姓在我国历史上算得上一贵姓，在西汉和东汉的400多年间，有18位皇帝出自刘姓，王公贵族，不可胜数。三国时的蜀汉、十六国时的前赵、南朝的宋、五代

44

十国的南汉等王朝，均以刘姓为帝王。

　　刘邦，汉朝开国皇帝，为汉高祖。刘邦原为沛县一乡村小吏，当亭长，后来起义，队伍不断发展壮大。在反秦战争中，与项羽争霸天下，最终战胜了项羽。刘邦于公元前206年在洛阳称帝，这是中国历史上的布衣皇帝。他登基之后，不愿受皇宫繁文缛节的拘束，但当长乐宫的朝贺大典仪式一结束，刘邦大为感慨地说："直到今天，我才知道当皇帝的尊贵！"

　　刘秀，东汉开国君主，为光武帝，南阳郡人。王莽篡政后，农民起义此起彼伏。刘秀起义后，便加入了声势浩大的绿林起义军。他率军南征北战，推翻了王莽政权。在军阀割据中，刘秀利用农民战争造成的有利形势，恢复汉室，终于登上了皇帝宝座。

　　刘备，三国时期政治家，蜀汉开国之君。曾参与镇压黄巾起义，早期颠沛流离，投靠多个诸侯，赤壁之战后，建蜀汉政权。史详其人弘毅宽厚、知人待士。病逝于白帝城。

3. 刘氏祖地

　　刘姓第一人刘累得姓是在今洛阳市的偃师市，所以刘氏寻根圣地在偃师。

　　偃师位于河南省中西部地区，南屏嵩岳，北临黄河，偃师因公元前11世纪周武王东征伐纣在此筑城"息偃戎师"而得名，先后有夏、商、东周、东汉、曹魏、西晋、北魏等7个朝代在此建都，是中华文明的主要发祥地之一。境内有被史学家命名为"二里头文化""华夏第一王都"的夏都斟鄩遗址，有被国家夏商周断代工程确定为夏商断代界标的尸乡沟商城遗址，有五朝都会——汉魏洛阳故城遗址、中国古代最早的国立大学——东汉太学遗址、中国古代最早的天文台——东汉灵台遗址和中原地区现存规模最大、保存最完整的唐代帝陵——唐恭陵。偃师自古人杰地灵，是世界文化名人、唐代佛学大师玄奘和北宋名相吕蒙正的故乡，史学家班固、科学家张衡、造纸术发明人蔡伦、思想家王充、北宋政治家王安石等著名人物都在这里成就了千古英名。境内有商汤王冢，伊尹冢，不食周粟而饿死首阳山的伯夷、叔齐之墓，秦相吕不韦墓，齐田横墓，大书法家钟繇墓，颜真卿墓，王铎墓，唐太子李弘冢，大诗人杜甫墓等50余处皇陵及名人墓葬。

插图 2-4-3 刘累墓

刘累墓位于河南省平顶山市鲁山县昭平湖畔的"中华刘氏始祖苑"，始祖苑坐山面水，十分气派。高大巍峨的主体建筑始祖殿里供奉着刘累铜像，大殿后是刘累的墓冢。世界刘氏宗亲联谊会曾在此多次举行声势浩大的"累公祭大会"。

五

商祖赐汤姓

1. 病榻前赐汤姓

46

汤姓出自商朝的建立者商汤。轩辕黄帝之子玄器的后裔曾孙是帝喾，号高辛氏，居住在西亳（今河南偃师市）古中山地，娶妻四个，其中最宠简狄，简狄生子名契。

契的第十四世孙名履，又名成汤。夏朝时，成汤为方伯，专管征伐之事。至夏王朝末年，成汤为商部落的首领。成汤爱护百姓，施行仁政，深受拥戴，周围小国纷至归附，商族部落逐渐强大。此时，夏王朝的末代帝王桀昏庸无道，国人怨恨，成汤便有意取而代之，并积极做好灭夏的准备，待时兴兵伐桀。他又与另一个强大部落有莘氏结成部落联盟，并娶妻有莘氏，任用贤人伊尹辅佐。他先率兵灭掉了夏王朝的一些盟国，如葛、韦、顾、昆吾等国，前后经过八场战争，对夏朝的统治中心形成包围。在鸣条一带，打垮了桀的主力，并放逐桀于南巢，终于灭掉了夏朝，建立了商朝，自称武王，定国号为商，世称商汤，建都于亳（今河南偃师市二里头）。

插图 2-5-1 商汤画像

商汤（？—公元前 1588 年），商朝的创建者（公元前 1617 年—前 1588 年），在位 30 年，其中 17 年为商国诸侯，13 年为商朝国王。

商汤年老，疾病缠身。他知道自己的日子不多了，和大臣伊尹商量后，把二儿外丙和三儿太庚叫到病榻前安排接班人。因大儿子早逝，顺延下去，就把王位传给了二儿子外丙。三儿子太庚为兴商南征北战，战功卓著，封他为侯，并将商祖的祖居之地赐给他为食邑。为了表彰三子太庚的战功，把商汤的谥号"汤"赐给太庚作为他的姓。

在商汤的病榻前，诞生一个新汤王，他是天下汤姓第一人。偃师是汤姓人的寻根之地。

商汤的子孙相继统治中国达四个世纪之久。至公元前11世纪，商朝被周朝所灭，然而汤姓世代繁衍，发展兴旺。

2. 汤姓英才

汤姓诞生之后，杰出人物辈出，明代影响文坛的汤显祖就是一位杰出的戏剧家。

汤显祖，明代著名文学家、戏剧家。他出身书香门第，曾任太常侍博、礼部祭司主事等职。万历年间因批评朝政被贬。后又任知县，达5年之久。最后告假返乡，退出政治舞台。他的《牡丹亭》就是弃官后的一部杰作。

武丁王赐武姓

1. 立功而获姓

商族部落至汤做首领之时，正是夏朝桀执政之日。夏桀暴虐无道，滥杀无辜，搜刮百姓，掠夺诸侯，无恶不作。夏朝众叛亲离，国家民不聊生，怨声载道。面对这一特殊时期，早已心怀灭夏之志的商汤，日夜思考着如何壮大商的力量，实现除暴安天下的大业。

商汤在厨子出身的宰相伊尹的辅佐下，经过充分准备，开始了军事行动。首先，翦除了夏朝周围大大小小的羽翼。之后，率领大军浩浩荡荡西进，渡洛水，过黄河，攻占了夏另一都城安邑。商军与夏军一交战，夏军不堪一击，一败涂地，夏桀带着残兵败将一路东逃。商汤穷追不舍，跋山涉水，辗转千里，历尽艰辛，终于擒获了夏桀。夏朝灭亡。

商汤灭夏，天下拥戴。在商王朝成立庆典上，3000诸侯同来朝贺，拥立商汤为王，天下归一。

商汤灭夏立商，历经300余年，沧桑变化，盛衰更迭，王位传21代至武丁时，商王朝的振兴与否，又到了一个关键时刻。武丁治邦兴国，重用了一个出身低贱的奴隶傅说做宰相，辅佐朝政，使商朝走向繁荣。傅说辅佐，励精图治，修德施善，四海归服。百姓安居乐业，国力增强，出现了商代历史上最繁荣的局面。历史上称这一时期为"武丁中兴"，武丁被誉为"中兴明主"。

然而，商朝周围有许多的方国和部落，他们大多以游牧为业。例如地处西北部土方国和鬼方国等方国，均为游牧部落，且势力不断在发展壮大，逐步向南游动，有的已达到商朝王畿辅。为了获得某些生活资料，他们经常到一些经济发展较快的地区掠夺。他们不断犯边，且行动迅速，很难对付，造成边境人心不安。

北部边境不断告急，加之兵力不足，武丁大伤脑筋，束手无策。经过反复思考，武丁和宰相傅说策划了打击骚扰边境游牧部落的军事行动。正当要派兵出征时，一位青年人主动请缨，要求带兵出战，并且声言定能平定北方边境之乱。大家一看，原来是武丁的第三个儿子，叫祖丙。

祖丙聪慧敏捷，勤奋好学，自幼就练得一身好武艺，且骑术高超，又善于射箭。骑射之术，正是与游牧人战斗应具备的本领。武丁与傅说了解祖丙的能力，答应了他的参战要求。

祖丙到了边境，率兵打击敌人，英勇善战，出兵迅猛，常以出其不意之势，打得敌人措手不及。祖丙威震边境，敌人再不敢轻举妄动。从此，边境不再受游牧部落的骚扰。

祖丙凯旋，武丁在大殿设宴欢迎，嘉其作战有功，封他为侯。武丁当场提议，以自己名字"武丁"中的"武"字，赐给祖丙为姓。祖丙谢恩，众人欢呼。武丁把亳地封给他作为食邑。

两年之后，武丁去世，太子武庚继承王位，祖丙带着君王所赐的武姓，去亳（今河南省偃师市）就任。祖丙在亳落地生根，领导百姓发展农牧生产，勤于治理食邑，亳成为商朝的富饶之地。

祖丙成为武姓第一人，河南省洛阳市偃师市成为武姓的寻根之地。

插图 2-6-1 傅说塑像

傅说是我国商朝卓越的政治家、军事家、思想家及建筑科学家。他曾在傅岩(今山西平陆东)从事版筑，武丁发现了他的治国之才，武丁即位后，即命他为相。傅说辅佐商王武丁安邦治国，商朝出现了历史上"武丁中兴"的辉煌盛世。

48

2. 武姓名人

武姓至今已有3000多年的历史，世代繁衍，生生不息，为中华民族文明的发展做出了突出的贡献。在这个发展过程中，涌现出了许多武姓杰出人物。

武士彟，唐代并州文水（今山西省文水东）人，武则天之父。以经营木材致富，随李渊征战有功，被封官爵。高宗时，以皇后之父身份受封周国公，被赐太原王。

武则天（公元624年—705年），中国历史上唯一一位女皇帝，籍贯并州文水（今山西文水东），生于利州（今四川省广元市）。唐高宗李治的皇后，唐中宗李显、唐睿宗李旦之母。高宗去世后，武则天相继废掉两个儿子中宗和睿宗，于公元690年建周代唐。创造了"曌"这个字，意为"日月当空"，并改国号为"周"，史称"武周"。执政期间，颇多政绩，如善用人才，开创殿试，重视农业，加强边防等。但其任用酷吏，时有冤案。公元705年去世，让位与子唐中宗，中宗遂复唐。她身后留下的用早期的契丹文字刻的乾陵"无字碑"，千百年来不仅吸引人们的纷纷猜测，而且为失传的女真文字留下了一份极其珍贵的文字史料。

武元衡，河南缑氏（今河南省偃师南）人，唐代建中进士，官至宰相，帝评之曰"是真宰相器"。因刚直不阿，触犯权贵，被刺客暗杀。

武亿，河南偃师人，清代著名学者，官任博山知县。曾创办范泉书院，精于金石文字考订。著有《经读考异》《偃师金石记》等。

武训，中国近代群众办学的先驱者，伟大的平民教育家，为穷人创办了堂邑、馆陶、临清三县义学。

毛国毛姓源

1. 毛伯姬明

周武王出师伐纣，一举灭商，取得大捷，凯旋。周武王姬发论功行赏，大封姬姓功臣，封地赐邑。满朝文武庆贺，朝廷上下一片欢腾。

在这些受封赐的功臣中，周武王的九弟姬明受封升任为司空之职，管理土木工程，并把毛地（今河南宜阳县）封给他作食邑，准许姬明在毛地建伯爵国毛国，人称"毛伯姬明"。姬明治理毛国有方，领导毛国百姓垦荒种田，发展农业，同时，不误朝廷政务，勤政爱民，深受国人的爱戴。

周武王建周三年病逝，姬诵继承了王位，为周成王。周成王因年幼，由周公姬旦辅佐国政。周公对姬明十分器重，拜其为重臣，使其成为辅佐周成王的"周朝六卿"之一。

周武王灭商后，为了稳定人心，把商朝遗民安置到殷商旧都一带，并让纣王之子武庚管理。可那些遗民复商之心不死，武庚勾结东方一些部落，举兵叛乱。事发后，周公安插监督武庚的管叔鲜和蔡叔度，本应立即向周公报告敌情，并出兵反击叛军，但他们怀疑周公有篡政之心，对叛乱坐视不管，致事态发展严重。

周公立即向周成王上奏，商讨对策，决定亲自率军平叛。这时，毛伯姬明向周公表示，在周公出征期间，自己团结在朝大臣，处理国务，请周公放心作战。周公很高兴，也向朝廷表示了态度，此去定灭叛军，并剿杀管叔鲜和蔡叔度二人。毛伯姬明劝说了周公，念管、蔡二人毕竟是姬姓王族亲兄弟，不可惩罚过度，应以教化为先。

周公率领周军杀向叛军，势不可当，一举平定了叛乱，杀掉了武庚。但对管叔鲜和蔡叔度也没有手软，抓住了二人，杀了管叔鲜，囚禁了蔡叔度。周公得胜回朝。

毛伯姬明得知周公处理管叔鲜和蔡叔度的情况后，十分不满，心中不快，并在庆功宴上，指责了周公的做法，说他不顾王族颜面，并提出要马上释放被关押的蔡叔度，并赦免其罪。毛伯姬明声泪俱下，说完就退席而走。

插图 2-7-1 毛延寿改画仪容图

汉元帝建昭元年（公元前 38 年），朝廷征选天下美女数千入宫，汉元帝无法一一见面，让宫廷画工画成肖像而供御览。王昭君由画工毛延寿画像时，因无力行贿而被画得很丑。昭君出嫁匈奴王时，汉元帝见昭君美艳无比，与画像天壤之别，一气之下，杀掉毛延寿。

毛伯姬明心情烦闷，回到了自己的领地毛国（今河南省宜阳县），不再想参与朝政之事。从此，毛伯姬明在自己的领地上过起了半官半隐的日子。言其半官，是因为他作为一个诸侯国之首，要领导国人勤劳治国兴业，并施仁德于民，把毛国建设得富裕丰实，国人安乐；言其半隐，是因为他坚辞不受封官，不再出仕到周朝为官理政，要独立于周朝之外。他在毛国兢兢业业为毛国百姓做事，过着悠然自得的生活，深受百姓的尊敬与爱戴。为了毛国的发展，为了毛国百姓的生活安稳，为了毛国民众世居这个美好的家园。毛伯姬明和大家商议，国人以国为姓，姓毛。这个意见得到百姓们的拥护。毛姓诞生了，宜阳就成了毛姓寻根之地。

宜阳县东依洛阳市区，南临嵩县，西望洛宁，北接新安，东南与伊川为邻，西北与义马市、渑池接壤。宜阳县历史悠久，文物古迹较多。全县有古城址 15 处，宫殿 17 座，庙堂 41 处，境内遍布古驿站、古桥梁、古墓葬，馆藏文物达 5200 件。邵窑遗址、苏羊遗址、灵山寺、五花塔、李贺故里等闻名于世。

2. 毛姓英才

毛姓自西周诞生后，历经3000多年。春秋时，毛姓自中原向外迁居，逐渐发展壮大，毛姓杰出人物辈出，名垂青史，对中华民族产生了巨大影响。

毛亨，西汉著名学者，相传是古诗学"毛诗学"的开创者。他与毛苌研究《诗经》，分别被称为"大毛公""小毛公"。他们所传授的经书流传后世，被誉为《毛诗》。

毛遂，战国时赵国平原君赵胜门下的食客。赵成王九年（公元前257年），秦国围攻赵国都城邯郸，平原君求救于楚，毛遂自荐随同平原君前往楚国。他们到达楚国后，平原君与楚王谈合纵之事，不得其法，谈了很久，没有达成楚国出兵援赵的协议。毛遂在此时拔出剑来，按剑胁迫楚王，晓以利害，最终说服了楚王，同意与赵合纵，签订了援赵之约。回到赵国，平原君大赞毛遂说："毛先生以三寸之舌，强于百万之师。"自此，"毛遂自荐"成为自告奋勇、自我推荐的典故，家喻户晓。

毛延寿，西汉汉文帝时的一位宫廷画师，杜陵（今陕西西安）人。毛延寿擅长画人像，不论老少人物，还是美丑之像，都是栩栩如生，如见其人。他为汉元帝的后宫嫔妃画像，以供元帝看图召幸。后宫众多嫔妃能幸于元帝者不易，于是，诸嫔妃纷纷重金贿赂毛延寿，只有一个宫女从不肯贿赂他。她叫王嫱，始终没被汉元帝召见过。此人即是中国历史上有名的美女王昭君。毛延寿对后代画坛影响很大，此后的毛姓书画名家层出不穷。

毛晋，明代藏书家，历代藏书家无人能比。他的藏书达8.4万余册，建设古阁储藏书籍，曾校刻《十三经》《十七史》《六十种典》等典籍。他好抄录罕见的秘籍，缮写精良，后人称之为"毛钞"。

毛宗岗，清初小说点评家。毛宗岗曾评刻《三国演义》，将罗贯中所著《三国演义》原本加以修订，整理成一百二十回本，流传于世。

陆浑国陆姓

1. 国亡姓传

春秋时期，在中原各诸侯国的四方，分别居住着被称为夷、蛮、戎、狄等民族。而居住在中原西部的民族，中原人称之为戎，或叫西戎。西戎的支系很多，名号纷繁。

他们多以地名为族名，如陆浑之戎、伊洛之戎等。

有一支允姓的戎族别部叫"陆浑戎"，最早活动于今陕西、甘肃、四川三省交界的若水流域，西周初年迁到陕西秦岭以北。他们经常遭受秦国的进攻，这时的秦国逐渐强大，扩张的胃口日增。陆浑戎被逼无奈，只得归附于晋国，以求得到保护。周襄王十四年（公元前638年）秋，被秦晋两国强行迁到今河南以南伊河流域嵩县东北处的"陆浑之戎"建立了"陆浑国"。

当时，弱小的陆浑国需要寻求保护，于是，不但要依附于晋国，还得仰仗于楚国，不得不在夹缝中生存。但晋国还是容不得它的存在，于公元前525年把它灭掉了。陆浑国亡国之后，其国民散居于今山西、湖北等地，为纪念故国，陆浑国遗民依照汉人的习惯，以国为姓，称陆氏，是陆姓源于中原的一支。嵩县成了陆姓的发祥地。陆浑国的历史记载于《陈留风俗传》《风俗通》等史籍中。洛阳市嵩县今有一个陆浑湖，据考证是古陆浑国的遗址，陆氏祖先的居住地。陆浑湖清水万顷，碧波荡漾，周围奇峰林立，佳木茂盛。嵩县在洛阳市南70公里，位于豫西山区，地处伏牛山北麓，熊耳山和外方山之间，境内有伊河、白河、汝河三条河流，地跨长江、黄河、淮河三大流域。

2. 陆姓英才

陆姓诞生2000多年以来，繁衍生息，不断发展，为人类文明做出了贡献，历史上杰出者不乏其人。

陆贾，西汉著名政治家、辞赋家。他在刘邦灭秦立汉中，起了很大作用。他能言善辩，曾两次出使越南。他写过一本《新语》送给高祖，书中崇王黜霸的观点得到高祖的赞许。

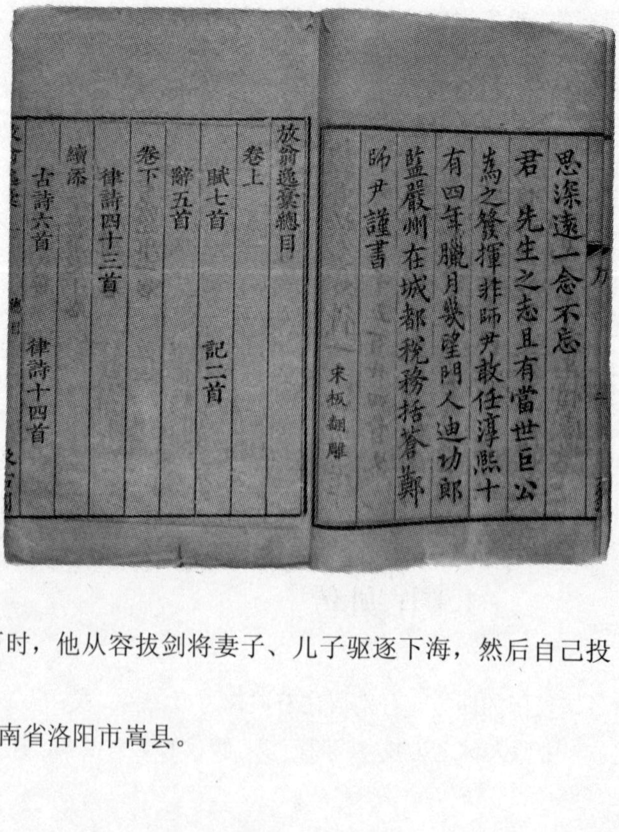

陆游，南宋著名爱国诗人。他曾任礼部郎中兼实录院检讨官，参与《两朝实录》的编撰。他才气超群，多有诗词、散文流传于后世。

陆秀夫，南宋丞相，著名抗元英雄。元兵兵临城下时，他从容拔剑将妻子、儿子驱逐下海，然后自己投海自尽。

陆姓人中原的寻根地在河南省洛阳市嵩县。

插图2-8-2 陆游《剑南诗稿》

陆游一生创作诗歌丰富，今存9000多首，诗风雄浑豪放，表现出渴望国家统一的爱国热情，其诗意境高远，气魄宏大，色彩瑰丽。《剑南诗稿》为陆游诗词全集，收诗词9344首。

52

郭姓衍于虢国

1. 庆功而改姓

周武王灭商定天下建周朝，史称西周。胜利的周武王论功行赏，大封诸侯。周武王有两位叔叔姬仲、姬叔。这两个人在灭商战斗中英勇善战，屡建大功，有"虎将"之美誉，既是国戚又是功臣，周武王优先分封。他把姬叔封于雍地（今陕西宝鸡市），姬叔建"西虢"；而把姬仲封到荥地（今河南荥阳氾水镇），姬仲立"东虢"。东西虢国起着充当周王室东西两面屏障的重要作用。

犬戎灭掉西周后，周平王继位，并于公元前770年东迁至洛阳建都，史称东周。姬叔所立的西虢也随着东迁至今河南三门峡及山西平陆一带，形成所谓的南虢、北虢，中隔黄河相望，但仍是一个虢国，即姬叔的后代随周平王东迁后建立的虢国。后来历史上所说的"虢国"，即指这个虢国。

姬仲所建的东虢国于公元前767年被郑国所灭。而姬叔所建的西虢国，东迁后于公元前655年被晋国所灭，东西虢国灭国的时间相距110多年。

东迁后的三门峡虢国建都上阳（今河南三门峡市李家窑村）。虢国的王位传至虢公父时，虢国得到了发展。虢公父勤政爱民，忠于周王朝，深得周天子的信任。

周惠王初（公元前676—前652年），惠王夺取边伯等大臣的园林作为田猎场所，引起不满，边伯与王子颓发动叛乱，史称"王子颓之乱"。周惠王被赶到温地，不久周惠王又到郑国避难，王子颓被立为王。

消息传到虢国，虢公父立即召开会议，商量率军讨伐叛逆之策。这时，郑的使者来到，传达郑国国君欲联合虢国平叛的决心。虢公父立刻响应，马上派出大军，

插图 2-9-1 虢国车马坑出土文物

20世纪50年代在三门峡市区北上村岭村发掘，为3000多年前虢国遗存。由三座陪葬车马坑组成：中为虢国国君虢季的陪葬车马坑，南北长47.6米，共清理战车13辆，战马64匹；其东为虢国太子墓的陪葬坑，南北长21米；其西侧为国君夫人梁姬墓的陪葬车马坑，南北长10.3米，共清理出19辆战车。虢国车马坑中发现的大量战车战马，充分反映了虢国兵强马壮的军事势力和逐鹿中原的恢宏气势。

希望郑国也派出军队配合作战。虢公父的军队直逼洛阳，经洛河到达伊河之滨，郑国军队也正往前赶，两国军队会于龙门，然后联合向叛乱者发起进攻，很快平定了叛乱，即迎周惠王进宫复位。

周惠王召见虢公父，奖其平叛有功，加封为"一等武公"，兼任宫廷卿士，赐号"虢武公"，另赐周朝传世之宝玉柄铜鞘铁宝剑一把，虢国的宫室和车旗衣物，皆为九数，位同天子。这实际上是虢国与周朝并政的象征。

虢国上下举国欢腾，虢公父的儿子虢继当即向父王提议，姬姓王族多以国为姓，以官为姓，虢国先祖受封立国至今已3000余年，为有别于其他姬姓王族，国人应以国名为姓。虢公父同意了儿子的意见。大臣司空炜说："虢字笔画繁稠，可用一字代替。城内为池，城外为郭。郭者，大也，'虢'与'郭'同音，以郭为姓如何？"虢公父认为改得好，也得到大家的一致称赞。郭姓在虢国的欢呼声中诞生了。

郭氏立姓后8年，虢公父去世，以历代君王的安葬规格葬于黄河南岸的虢国都城北部的黄土岗坡上，陪葬品有青铜九鼎、十二音阶编钟、战车百辆、战马四百，还有周天子所赐的传世宝剑以及数百件各类铜器、金饰陶俑等也一并葬入其中。

三门峡市上村岭虢国墓地，总面积约3245万平方米。20世纪50年代至90年代进行了发掘，共清理墓葬230多座、车马坑3座、马坑1座，出土文物9179件。

2. 假虞灭虢

公元前655年，虢国被晋国的假虞灭虢之计所灭。

春秋时期，强国晋想吞并邻近的两个小国：虢国和虞国。这两个国家之间关系很好，晋国如袭虞国，虢国会出兵救援；晋国如出兵虢国，虞国也会出兵相助。在晋国两难之中，大臣荀息向晋献公献上一计，必须施以离间，使两国互相猜疑，互不支持。虞国国君贪得无厌，晋可投其所好。他建议让晋献公拿出其心爱的两件宝物，良马和宝璧，送给虞国国君。晋献公不舍得。荀息说："大王放心，只不过让他暂时保管罢了，等灭了虞国，一切不都又回到你的手中了吗？"献公依计而行。虞国国君得到良马和美璧，高兴至极。

晋国军队故意在晋、虢边境制造事端，找到了伐虢的借口。晋国派使者到虞国，提出借道虞国，去伐虢国。虞国国君得了晋国的好处，不得不答

插图2-9-2 假虞灭虢图
春秋时晋献公找借口兵伐虢国，中间虞国是必经之地。晋以美玉和宝马买通虞国国君，以借道虞国。晋军通过虞国灭了虢国后，返回时又灭了虞国，一举两得。

应。虞国大臣宫之奇再三劝说国君，虞虢两国，唇齿相依，虢国一亡，唇亡齿寒，晋国是不会放过虞国的。可国君却说，交一个弱朋友去得罪一个强势朋友，那是傻

瓜之为。虞国国君一意孤行，同意了晋国的请求。

晋大军顺利地通过虞国道路，攻打虢国，取得了胜利，灭了虢国。晋军班师回国，路经虞国，又给虞国国君一点甜头，把在虢国劫夺的财产送了一些给虞国国君，使其大喜过望。

晋军大将里克装病不能带兵回国，暂带兵驻扎虞国京城附近。虞国国君毫不怀疑。几天之后，晋献公亲率大军前去，虞公出城相迎。晋献公约虞公前去打猎。不一会儿，只见京城中起火。虞国国君赶到城外时，京城已被晋军里应外合强占了。晋国又轻而易举地灭了虞国。

3. 名人辈出

虢国的灭亡，在历史上留下"唇亡齿寒"的千古遗训。郭姓诞生后，至今已延续2000多年，不断发展壮大，杰出人物代代出，各类名家辈辈有。

郭隗，战国时的燕国谋臣。燕王设置的"尊贤堂"就源于郭隗。燕王求贤若渴，广招天下贤士。郭隗出谋说："你招贤先从我开始，你把我当成贤人尊重，天下比我贤的人就会到燕国来了。"燕王为他建造了华丽的住宅，以感召天下。果然贤才趋之若鹜。如乐毅、邹衍等贤士闻风而至，为燕王做出了贡献。郭隗此谋即抬高了自己，又招来了贤才，一举两得，无人能比。

郭嘉，三国时颍阳（今禹州市）人，曹魏的谋士。在袁绍部中见其好谋无决，改投曹操，任司空军祭酒。他的多谋善断，深得曹操赏识。曹操说："使孤成大事者，必此人也。"郭嘉为曹操策划了官渡之战，大获全胜。郭嘉为曹操运筹帷幄、屡建奇功，对统一北方有所贡献。郭嘉病死于军旅之中，年仅38岁。

插图 2-9-3 纪念郭守敬的精制银币（中行 1989 年发行）

银币展示了郭守敬进行科学研究的情景。

郭子仪，唐代名将，以武举累官至朔方节度使。安史之乱时平叛有功，深得唐肃宗倚重，曾封汾阳郡王。他身系大唐安危20余年，为中兴唐时起了决定性作用。

郭威，建立五代时的后周，为周太祖。他在位期间励精图治，废除后汉严刑苛法，安抚藩军，平定叛乱，对外睦邻友好。虽连年遭灾，但社会较安定。他崇尚节俭，大力提倡节俭之风。郭威在位4年，遗言于子，要求葬事从俭。像他这样节俭的皇帝，在中国历史上绝无仅有。郭威死后葬于今新郑，"后周皇陵"成为新郑名胜古迹。

郭熙，河阳温县（今河南温县）人，北宋著名画家，工画山水，画风精巧。其晚年之作趋于雄壮，长于巨嶂高壁作长松、乔木、回溪断崖、峰峦秀拔、云烟变幻之景。

郭守敬，元代天文学家、水利学家、数学家。他治理过许多河渠，创造和改进了十余种观测天象和表演天象的仪器。

4. 寻根三门峡

郭姓人寻根地在河南省的三门峡市。

三门峡市地处黄河南岸，是华夏文明发祥地之一。在漫长的历史进程中，先民们在这块土地上生息繁衍，用勤劳的双手创造了光辉灿烂的历史文化，成为华夏浩瀚文化的重要组成部分。仰韶文化、虢国文化及由老子《道德经》衍化而来的道家、道教文化，便是这诸多历史文化的典型代表。

虢国墓地位于三门峡市北部上村岭，面积约29万平方米，先后发掘了260多座墓葬，出土3万多件文物。其中王茎铜柄铁剑，为我国最早的人工冶铁实物，堪称"中华第一剑"，也将我国冶铁史提前了近200年。出土的车马坑数量多、规模大、年代早，为世界一绝。

以虢国墓地遗址为依托而建立的虢国博物馆，是大型专题博物馆。馆内陈列着精美绝伦的国宝重器、威武的虢国大型车马军阵。其中按原状展出的国君虢季、虢季夫人梁姬及太子墓的陪葬车马坑，更令人惊叹。这三座车马坑由南向北，按行军队列摆放，开了以军阵陪葬的先河，构成了我国以真车马随葬的时代最早、规模最大的地下车马军阵，也给虢国的尚武精神做了最真实的诠释。

函谷关是三门峡另一处名闻于史的古迹遗址。函谷关为秦孝公所建，后成为东去洛阳、西达长安的咽喉。从商代起，就依其地险关雄而成为战场。其遗址位于灵宝市北13公里的函谷关镇王垛村，东西7.5公里，谷道仅能容独车通行。关城原为黄土台，高100米、长25公里，为历史上豫陕著名的雄关和军事要塞，两省出入必经之关口。老子在此写下了千古流传的《道德经》。唐太宗、唐玄宗、司马迁、李白、杜甫、白居易、司马光等历史名人都光临过函谷关，并留下诗赋传世。

现在看到的函谷关为复古建筑。东门关楼南北长71.2米，高21.5米，呈凹型，坐西向东。关楼为双门双楼悬山顶式三层建筑，楼顶各装饰一只丹凤，故曰"丹凤楼"。

函谷关东门右侧是太初宫，是祭祀老子的场所。宫中后部砌筑了老子著经巨像，两边是关令尹喜和书童徐甲。两山壁书《道德经》全文。庙院立元、清时石碑两通，记载老子骑青牛过函谷关的故事。

函谷关还有鸡鸣台，为"鸡鸣狗盗"成语故事的发生地。瞻紫楼，传说函谷关

56

插图2-9-4秦赵会盟台遗址

秦国为了征服赵国，邀赵惠王在渑池（三门峡渑池县）谈判，在针锋相对，舌枪唇战中，秦赵和好。为了表示两国停止战争。双方捧土掩埋兵器，遂战会盟高台。

的关令尹喜登高望远观察天象之地，又叫"望气楼"。

三门峡的"会盟台"记录了战国时以弱胜强的千古佳话。秦赵会盟台位于渑池县城西关外的涧水、谷水汇流的台地上。公元前 279 年，秦昭襄王约赵惠王于渑池会盟，以和好为由想征服赵国。在宴会上，赵国大夫蔺相如不惧强暴，正气凛然，以"将以颈血溅之"的勇气，逼秦王为赵王敲瓦盆。蔺相如的针锋相对，唇枪舌剑，维护了赵国的尊严和声誉，致使秦国对赵国不敢轻举妄动，与赵言归于好。

弘农杨氏

1. "羊舌大夫"杨食我

公元前 1043 年，周武王姬发在完成灭商兴周之大业后，不久即病逝。临终他把王位传给了弟弟姬诵，即周成王。同时，又交代姬诵把他的弟弟姬叔虞，册封到唐地（今山西翼城）。姬诵遵照父王的遗愿，把他的同母弟弟姬叔虞封在了唐地。姬叔虞聪明多才，领兵打仗英勇善战，在唐地建立了晋国，为晋侯，是晋国第一位国君。

晋侯有一个裔孙，叫昭，是晋国的大夫，他为晋国立过功，晋王把杨地（今山西洪洞县）赐给他作食邑。杨地山水相依，资源丰富。到了周宣王时代，周宣王看中了杨地的水丰地沃，就把杨地收回了朝廷，然后又封给了自己的儿子尚父。晋国大夫昭很不情愿地离开了自己祖祖辈辈生活的杨邑。晋国传至第 21 代晋武公时，晋武公凭着晋国的强势，明目张胆地与周天子对着干，公然把周宣王的儿子尚父从杨地赶走，然后毫无顾忌地将杨地转手封给自己的孙子突作食邑。因突曾被封于羊舌邑（今山西洪洞中西部），后遂以其封邑名称为姓氏，称羊舌氏，史称"羊舌突"。羊舌家族为晋国重臣，姬突的后代形成了羊舌氏一族，涌现了多位著名人物，皆先后为晋国的高门大户、晋国卿大夫，时称"羊舌大夫"。所以，历史上也称突为"羊舌大夫"。

"羊舌大夫"突在杨邑生有五子，其老二叫肸，为晋国大夫，任太傅。食采在杨氏邑（平阳，今山西临汾）。他有个儿子叫羊舌伯石，字食我，他后来继承了父亲的封地和爵位，正式以邑名为姓氏，称杨氏，即历史上著名的"杨食我"。杨食我成为杨氏第一人，杨姓祖先。

杨食我战功卓著，名震一时。他有位好朋友叫祁盈，是晋国的公卿。公卿祁盈家中有两个家臣，一个叫祁胜，一个叫邬藏，二人做了一件大事，改变了杨食我的人生。

祁胜和邬藏都看中了对方的妻子，二人一商量，就互换了妻子。这本来是不齿于人的寻美猎艳之事，可杨食我感到这种伤风败俗的事发生在自己的好朋友中，颜面尽失。杨食我向朋友祁盈进言，应当严惩这两个败坏门风的家臣。杨食我一时气愤不过的一番谏言，却招来了大祸。

祁胜和邬藏听说了杨食我对自己主人祁盈的建议，心中又气又怕。二人密谋，要给杨食我点颜色看看。他们就向与杨食我有矛盾的大夫荀跞告状，诬陷杨食我，荀跞正想寻机报复杨食我，这时正中下怀，立即向晋国君主揭发，说杨食我等"六卿"无事生非，制造矛盾，对晋王不满，有谋反之意。

晋王不问青红皂白，先抓捕了祁盈，又把杨食我也监视了起来。杨食我得知此事是祁胜和邬藏所为，一气之下，杀了这两个小人。这一下可给他的政敌荀跞抓住了把柄，进宫向晋王报告说，杨食我等人开始行动了，正在杀人，很快会杀进宫中，情况紧急。晋王信以为真，立即令军队包围杨府，进而把杨食我、祁盈等六家公卿杀害。这就是晋国历史上著名的所谓"六卿之乱"。

杨食我家被抄斩，他的儿孙由家臣带着乘混乱之机逃了出去，逃到仙谷（今陕西华阴华山），在深山中隐居下来，直到秦统一中国晋国灭亡后才走出山林。秦时他们的羊舌所居之地被划定为弘农郡，郡治所在今天河南省三门峡市灵宝市东北。

杨食我的后裔最后落籍于弘农（今河南省灵宝市）。杨姓人在此发展繁衍，成为华夏姓氏中的大姓，对中国历史产生了重要影响。故今天的三门峡市灵宝地区是天下杨姓第一望族——弘农杨氏的发源地。

2. 杨震及"弘农杨氏"名门

杨震，东汉弘农华阴人（河南省灵宝市古称"弘农"），东汉时期名臣，为"弘农杨氏"家族史上第一个位居太尉的高官。

杨震少年好学，博览群书，通晓经术，有"关西孔子"之誉。早年，杨震承父业在家乡华山脚下的牛心峪口办学堂教书育人，后来其家迁至今河南省灵宝市杨家村，并在此继续办学。他教过的学生达4000人，他的学堂为国家培养了大批人才，其中还有好几位当上了高官。后人为纪念杨震办教育业绩，把他教书育人的书馆称为"三鳝书堂"。他办学期间所做另一件重大事情是，他将祖先在秦朝时期为躲避秦始皇的焚书坑儒而埋藏的一大批国家未统一前的文字（以前曾称"蝌蚪文"），挖出来进行翻译、校对，后世把他校对和翻译"蝌蚪文"的地方称为"校书堂"。

杨震为人正直，一身正气，几十年都不应州郡的

像震杨

插图 2-10-2.1 杨震画像

杨震，东汉大臣，中国历史上著名的廉吏。"弘农杨氏"得杨震之美誉而闻名，杨震在天下杨姓人中享有崇高的地位。

礼聘。亲朋认为他年纪大了，应出仕为官了，但他不仕之志更加坚决。大将军邓骘听说杨震是位大贤人，举其为茂才。杨震直到 50 岁时才在州郡任职。杨震被任命为东莱太守赴任途中，路经昌邑县，时任县令王密为感恩，怀揣十斤黄金前去拜见。杨震说："我推荐你是因为我了解你，今天你送金子来见我，可知你并不了解我。"王密又说："这些金子是我的俸禄积蓄，绝非贪贿所得，我敬奉老师，聊表我感恩之心和敬佩之情。况且，这深更半夜，无人知晓。"杨震说："虽说旁无人知，但上天知，神明知，并且还有你知我知啊！"王密这才明白，自己做错了。于是，表示歉意，怀金而回。

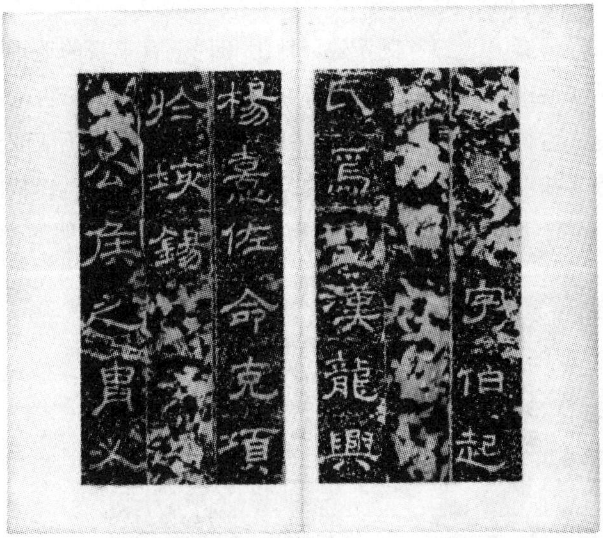

杨震 50 岁步入仕途后，历任刺史、太守、太仆、太常、司徒等职。延光元年（公元122 年）升为太尉。他在任内不屈权贵，屡次上疏，直言时弊，因此遭中常侍樊丰等人忌恨。延光三年（公元 124年）被罢免遣返回乡，途中饮鸩而卒。汉顺帝继位后，下诏平反。

杨震名播天下，"弘农杨氏"亦借助杨震而闻名于世。杨震在杨姓族人中享有崇高的地位，很多杨姓人修家谱时，都把远祖追溯到"弘农杨氏"，并且必写杨震。

杨震把 5 个儿子都培养成国家可用之才，例如次子杨秉更是秉承父亲品格的典型。杨秉博通群经，40 余岁出仕，官至太尉。他为官清正廉洁，敢于直言进谏，以弹劾贪官污吏为己任，受到人们的敬重。

自古以来，杨氏以忠君爱国扬名天下，谱写出一曲曲英雄壮歌。其他领域的杨姓杰出人物也不少。在政治领域中，称帝做王的有 15 人之多。如杨坚，于公元 581年举兵灭掉北朝周，公元 589 年灭掉南朝陈，统一了全国，建立了隋朝，是为隋文帝。

杨修，东汉末著名文学家。建安中举孝廉，任郎中，又任丞相府主簿。曹操与杨修骑马同行，当路过曹娥碑时，他们见碑阴镌刻了黄绢、幼妇、外孙、齑臼八个字，曹操问杨修理解这八个字的意思吗？杨修正要回答，曹操说："你先别讲出来，容我想想。"直到走过 30 里路以后，曹操说："我已明白那八个字的含义了，你说说你的理解，看我们是否所见略同。"杨修说："绢，色丝也，并而为绝；幼妇，少女也，并而为妙；外孙为女儿的儿子合而为好；齑臼乃受五辛之器，受旁辛字为辝（辝是辞的繁体字）。这八个字是'绝妙好辝'四字，是对曹娥碑碑文的赞美。"曹操惊叹道："尔之才思，敏吾三十里也"。曹操很佩服他，但还是在建安二十四年处死了杨修。

杨业，北宋名将。他曾任节度使、兵马都部署，镇守雁门关，大破辽兵。后来

插图 2-10-2.2《杨震碑》碑文拓片（局部）

杨震，历荆州刺史、东莱太守等职，官至太尉。任内因正直不屈权贵，又屡次上疏直言时政之弊，为中常侍樊丰等所忌恨而遭诬陷。延光三年（公元124 年）被罢免，遣返回乡途中愤怒饮鸩而卒。顺帝继位，下诏平反。宋代欧阳修在《集古录跋尾》中记述了杨震碑首的文字为："故太尉杨公神道碑铭"。"神道碑"是立在墓道上的墓碑，它记录帝王大臣生前的活动。杨震墓碑上的铭文笔体为汉隶，碑文残缺，首尾不完，所书简略，隶法精妙。

孤军被陷，重伤被俘，绝食而死。堪称杨家忠烈。

杨炯，著名诗人，为"初唐四杰"之一。杨万里，南宋诗人，与范成大、陆游齐名。还有"中国最特殊的女人"杨玉环（杨贵妃）。

3. 杨氏寻根之地灵宝

天下杨氏出灵宝，杨姓寻根到灵宝。

河南省灵宝市位于豫、秦、晋三省交界处，地上和地下有丰富的遗址、文物，民间有流传万方的神话。荆山黄帝陵是炎黄子孙寻根祭祖的圣地；千古沧桑的函谷关是先哲大师老子撰写《道德经》的发祥地。真武大帝修炼成仙的圣地亚武山和藏在深山的千佛洞等古迹名播海内外。这里出土的仰韶文化遗物陶器、春秋时期的铜爵、汉代的铜牛、明代的铜俑等两万余件珍贵文物，都放射出中华文明的光芒。

60

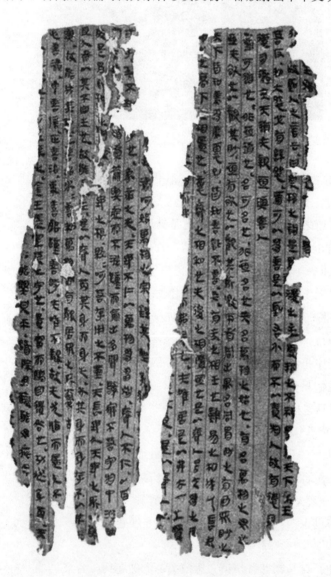

插图 2-10-3 帛书《老子》
1973 年湖南长沙马王堆 3 号汉墓出土的帛书《老子》甲、乙两种写本，皆朱丝栏墨书。甲本抄写在通高 24 厘米的帛上，字体在篆隶之间，可能在高帝时期抄写；乙本抄写在通高 48 厘米的帛上，可能在惠帝或吕后时期抄写。帛书《老子》对认识《老子》在汉初的真实面目、校勘传世的诸本《老子》具有重要价值，为研究《老子》的思想，提供了最可靠的根据。

周王立周姓

1. 周天子下放

　　东周王朝传至第25位君主周赧王时，在各诸侯国争霸中，已是日薄西山，气息奄奄了。特别是秦国称霸天下之心，已膨胀到无以复加的程度。强秦左右出击，南攻楚，东击三晋（韩、赵、魏），极力向中原地区扩张。公元前314年，秦趁齐攻燕之机，出兵攻打三晋，夺取大片土地。公元前308年，秦军出函谷关进攻韩国的战略要地宜阳（今河南省宜阳县）。经过几个月的激战，秦军于第二年攻克宜阳，打开了通向中原的大门。公元前293年，韩、魏两国合兵抗秦，会战于伊阙（河南省洛阳市南），秦军在白起指挥下大胜，歼敌24万余人，韩、魏两国的兵力受到严重削弱。此后，秦继续进攻、蚕食三晋，到公元前286年，已经占据了三晋一半的土地，韩、魏大势已去。

　　秦国日益壮大，秦昭襄王不满足于王的称号，要称帝以示尊严，准备取周而代之。韩、赵、魏、齐、燕五国十分惶恐，他们联合起来攻打秦国，但各自打自家小算盘，步调不统一，最后无功而散。

插图2-11-1周赧王画像

东周末代国王，在位59年。他在位期间，周王室已十分衰弱，其地盘只有三四十座城池，3万多人口。为了抵挡强大的秦军，只得向境内富户筹借军资，他是历史上最穷的天子。当他军队从前线无功而返，债主们纷纷登门讨债，他躲到宫后的一个高台上避债。"债台高筑"的周天子，最后投降秦国，东周灭亡。

　　周赧王五十七年（公元前258年），秦昭襄王派秦国名将白起率大军讨伐晋国。晋国即联络齐国和赵国，三国联军共抗秦敌。但白起大军攻势凶猛，晋、齐、赵联军与秦一战失利，大片国土被秦军占领。大将白起乘胜前进，掉头自北南下，直指周王朝都城洛阳。此时，名存实亡的周王朝毫无御敌之力。周赧王急忙召集满朝文武大臣商议对策。但对而无策，大臣虽有议论，却无计可施。最后，一大臣献计说，可将受秦国之害的诸侯国联合起来，以退虎狼秦师。可此时的周天子早已失去了号召之力，难以组合联军。周赧王万般无

SERIES ON THE HISTORY AND CULTURE OF

中原历史文化系列丛书

奈，只好硬着头皮，带上所有军队前去迎敌。秦军以排山倒海之势，向都城洛阳推进。周赧王节节败退，秦军乘势攻占了都城。周赧王和王公贵族成了秦军的俘虏。

周赧王及王室成员被掳入秦囚禁起来，然而，秦国像抓到了一个烫手的山芋，如何处置王朝之君，成为棘手而麻烦的问题。如果处理失当，直接关系到被征服诸侯们的稳定与否，有伤民心。秦朝大臣议论说，周朝延续800余年，历史渊源极深，影响很大，应当对周赧王施以恩德，以抚民心，以利秦国。秦昭襄王采纳了大家的意见，秦昭襄王命人把周赧王等王族人悉数放了出来。

秦昭襄王以胜利者的气势，率千乘之军，自秦地浩浩荡荡进到洛阳城。周赧王得知后急率王室人员齐聚宫室之外迎候。此后，秦昭襄王把嚻孤（今河南汝州市临汝镇）的万亩良田赐给周赧王，作为他的生息之地。周赧王想到自己和族人不死已是万幸，又赐生息之地，也心顺气平了。所以周赧王带着家人，由秦昭襄王派兵护卫，率车千乘，带着赏赐的百丈布匹以及允许带的宫中用物，到了嚻孤，安顿下来。

嚻孤位于汝水之畔，是个美丽的地方。由于连年的战争，这里的土地荒芜，百姓穷困。但这里的民众民风淳朴，对周王朝有感情。周赧王被秦王放逐到嚻孤地，嚻孤的百姓表示热情欢迎。

从此，周赧王以平民的身份居住下来，与民同吃住，与民同劳动。方圆数十里都有平民来给周赧王送农具，教农活。百姓不再称其为王，而是亲切地称他为"周家"。

时间久了，周赧王听惯了"周家"之称，就提议改姓。周赧王本为姬姓，是周文王姬昌后裔，为了不忘周朝800年基业，决定改"姬"姓为"周"姓，得到了当地百姓的认同。

周姓得姓不久，100多岁的赧王因病驾崩，周家只以简朴的仪式安葬，原周王朝的许多文武大臣前去悼念，当地百姓纷纷送灵。

2. 汝州寻根

河南省汝州市是海内外周氏寻根之地。

汝州市是平顶山市辖区，北靠嵩山，南依伏牛，历史悠久，文化灿烂，为仰韶文化和龙山文化的发源地之一。千年古刹风穴寺始建于北魏，与白马寺、少林寺、大相国寺并称"中原四大名寺"。仰韶文化与龙山文化遗址内涵丰富，唐代法行寺塔巍然屹立，宋代汝窑遗址久负盛名。"汝州三宝"享誉国内外，这三宝为汝瓷、汝贴、汝石。

汝瓷，中国五大名瓷之一，因产于汝州（河南临汝旧称）而得名，宋代被列为五大名瓷之首，被钦定为宫廷御用瓷。造型古朴大方，土质细润，釉厚而声如磬，明亮而不刺目。

汝贴，是河南省汝州市的"三宝"之一。汝州文庙大成殿里有20通石碑，石碑上镌刻着先秦以至隋唐五代的名家书法，金文、篆、隶、楷、行、草诸体兼备，是我国古代碑帖之珍品。郑国大夫皇颉的字潇洒俊逸，酒仙刘伶的书法自由奔放、洒脱不羁，李世民的书法意兴天来，字外风云，有皇家风骨……清代《直隶汝州志》推举，这些碑刻与《淳化阁帖》《泉州帖》《绛州帖》并称为"四大名帖"。

汝石，又名梅花玉，中华名石，因产于古汝州而得名。汝石是由火山喷流出的岩浆冷凝而成的岩石，质地细腻，硬度强，晶莹剔透，刚柔相济。底色有黑色、褐红色和灰绿色三种，而黑色最为名贵。汝石内含有铁、锌、钠、镁、钾、钙等多种人体需要的有益微量元素，它与神奇药石麦饭石相似，长期使用汝石有益健康。

3. 周氏英才

一个王朝消失了，一个新的姓氏兴起了。周氏生息繁衍，杰出人物不断涌现。

周勃，江苏省沛县人，西汉时开国武侯。秦二世元年（公元前209年）随刘邦起兵反秦，由汉中进取关中时，击赵贲，败章平，围章邯，屡建战功，因此被拜为将军，赐爵武威侯。楚汉成皋之战中与项羽正面对峙，先后攻取曲逆（今河北顺平县东南）等地，占领泗水、渤海两郡（今皖北、苏北一带），得22县。汉高祖六年（公元前201年），刘邦赐予列侯的爵位，时称绛侯。继因讨平韩信叛乱有功，升为太尉。刘邦死前预言"安刘氏天下者必勃也"。刘邦死后，吕后专权，吕后死后，周勃与陈平等合谋智夺吕禄军权，一举谋灭吕氏诸王，拥立文帝，后官至右丞相。汉文帝十一年去世，谥号为武侯。

周处，晋朝阳羡（今江苏省宜兴南）人，鄱阳太守周鲂之子是一位弃恶从善的典型人物，官至御史中丞。周处年少时纵情肆欲，为祸乡里，为了改过自新去找名人陆机、陆云，后来浪子回头，功业更胜其父，留下"周处除三害"的传说。吴亡后周处仕西晋，刚正不阿，得罪权贵，被派往西北讨伐氐羌叛乱，遇害于沙场。

周敦颐，北宋著名哲学家，是学术界公认的理学派开山鼻祖。《宋史·道学传》将周子创立的理学学派提高到了极高的地位。根据陈抟的《无极图》，著《太极图说》，理学大师朱熹曾推崇他为理学的开创人。

周邦彦，字美成，北宋著名词人，被称为"千古词坛领袖"，晚年自号"清真居士"。他生活在动荡时代，曾三次旅居汴京开封，因呈《汴都赋》名声大震。一生宦海沉浮，但他的才能尽显于词作中。其词多反映爱情和羁旅行役生活，而其词成就最高，是词坛承前启后之人。

插图2-11-2汝瓷

宋代汝窑烧制的青瓷称之为"汝瓷"，是传统制瓷工艺中的稀世珍品。汝窑与官窑、哥窑、钧窑、定窑并称"宋代五大名窑"。阳天汝窑在汝州境内（今河南汝州、宝丰一带）。汝窑创烧于北宋晚期，其烧制的瓷器为宫廷御用瓷器。北宋后汝窑消亡，开窑仅20年，烧造时间短暂，因而传世瓷品非常稀有。汝窑有天青、天蓝、豆青、粉青、月白、卵青等诸品，尤以天青为贵，粉青为上，天蓝被称为极品，有"雨过天晴云破处"之称誉。其釉层莹厚，有如堆脂，视如碧玉，扣声如馨，釉面有蟹爪纹、鱼子纹和芝麻花，最佳开片亦称"若隐若现"。汝瓷釉色泽会随早晚不同光线而变幻，阳光下青中泛黄，雨天里变为青翠。最佳则在下雪时，颜色呈大自然之美艳。

寻根

豫南姓氏沧桑

第二章

第三章 —— 豫南姓氏沧桑

陆 蔡国续蔡姓

伍 潘崇传潘姓

肆 潢川衍黄姓

叁 传奇白姓

贰 邓国留邓姓

壹 谢姓源申国

谢姓源申国

1. 申伯建国

西周第十世君主周厉王（公元前878—前841年）在位期间，横征暴敛，加重了对劳动人民的剥削，与周边的少数民族又有尖锐的矛盾，西北游牧部落戎狄，特别是猃狁，不时入侵。公元前841年，发生了国人暴动，周厉王仓皇而逃，流落于彘（今山西霍县）。他出逃后，召穆公和周定公共同治理朝政，号为"共和"。共和十四年（公元前828年），厉王死，大臣拥立周厉王的儿子姬静为王，是为周宣王。

周宣王即位后，整顿朝政，使已衰落的周朝一时复兴，史称"宣王中兴"。周宣王的主要功业是讨伐平定侵扰周朝的周边少数民族，对西方的戎狄连续征讨。宣王四年（公元前824年），派大夫秦仲率军攻打西戎，结果战争失败，秦仲被杀。宣王又命秦仲的5个儿子一齐上阵攻打西戎，兄弟五个怀着为父报仇的决心，一举打败了西戎。

同时，周朝的南方还有荆蛮等一些诸侯国。其中一些渐渐强大起来的诸侯并不怎么顺从王室，叛乱时有发生。所以，必须选派一个得力的人去统领那些诸侯国，安抚南方，这对周宣王来说，是迫在眉睫的头等大事了。于是，周宣王认为自己的舅舅申伯是最理想的人选。申伯入朝为卿士，在朝中有很高威信，再加上他是王室贵戚。对于这样的人，周宣王是一百个放心。周宣王十八年，申伯就被徙封于谢（今河南省南阳市）。申伯在谢地建立一个诸侯国，称"申国"。其政治目的，完全是以巩固周王室的统治为出发点的。

周宣王为了巩固王室权力，加强族人的地位和权势，而削弱异族诸侯的权势，下令要为国舅申伯建一座新住宅，一座新都城，地点选择了南方的谢地。申地地势平坦，河水流经其间，土地肥沃。

周宣王就命大夫方叔和召穆公去办理此事。召穆公很想讨好周宣王，欣然领命，带领着军队，浩浩荡荡地进驻到谢地，军队在唐河两岸驻扎下来。一下来了这么多的国家部队，纯朴善良的百姓被震慑住了。

大规模的开拓和修建新城的工程开始了，方叔和召穆公亲临工地检查。他们向谢地百姓大征粮草和建筑材料，并严密监视百姓做劳工。经过两年多的建设，一座华丽的都城耸立起来了。召穆公为此受到了周宣王的奖赏。

新都城建成后，申伯便开始了声势浩大的迁移。周宣王赐给他大量财物，并亲自送申伯去新都城谢邑安家。王家车队一路威风凛凛，沿途百姓只得表示欢迎。从此，谢地成了申国的领土。

在我国第一部诗歌总集《诗经·大雅·崧高》中，描写了："王命召伯，定申伯之宅；登是南邦，世执其功。王命申伯，式是南邦，因是谢人，以作尔庸。"即是对这一史事的记录。

申国的人民是什么态度呢？"徒御啴啴，周邦咸喜"（《诗经·大雅·崧高》）。申伯的随从来人欢欣，申国的百姓非常高兴。申伯是个什么样的人呢？"申伯之德，柔惠且直。揉此万邦，闻于四国"（《诗经·大雅·崧高》）。原来《崧高》这首诗，是周宣王的大臣尹吉甫所作，"吉甫作诵，其诗孔硕。其风肆好，以赠申伯"。尹吉甫用此诗的意图很明白，就是为申伯献美辞，并讨好周宣王。

申伯在欢庆高兴之中，向他的文武大臣提议，谢邑的地望非常好，根据祖先的经验，申国的人民应以邑为姓氏，姓谢。这个提议立即得到周宣王的支持，也得到了申国臣民的赞同。

谢姓在申国（今河南省南阳市）诞生了。

谢姓诞生后，不断向外发展。至三国时，出身陈郡阳夏（今河南太康县）的谢缵，曾任曹魏典农中郎将。谢姓发展成望族，其子孙中的谢安、谢玄、谢石、谢灵运、谢朓等人都是此地谢姓族人中的杰出人物。唐朝诗人刘禹锡诗中"旧时王谢堂前燕，飞入寻常百姓家"，描写的就是谢姓家族的兴衰。

谢安（公元320—385年），字安石，陈郡阳夏（今河南太康）人，东晋宰相。他出名很早，在当时名望很高，屡次拒绝朝廷的任用，带着歌妓游山玩水。直到40岁才上任，历任大将军司马、吴兴太守、吏部尚书等职。谢安为官高风亮节，后拜为尚书仆射加后将军。他与侄子谢玄成功地取得了淝水之战的胜利，使晋朝转危为安。他爱音乐，守丧亦不废乐，士族仿效，遂成风俗。因他声名很盛，世人竞相效仿，一度引领风尚，被人称为"风流宰相"。

谢灵运，东晋南朝宋时陈郡阳夏人（今太康县），少年好学，博览群书，文章在当时很有名。他无心做官，一心作诗，终日游山玩水，闲情赋诗，后辞官隐居于会稽。

插图 3-1-1 东山携妓图（明代郭诩）

画面描绘东晋名流谢安。谢安，未入仕已名满于天下，朝廷屡次征召，皆以病辞。晚年隐居于会稽（今浙江省绍兴）东山，整日纵情诗酒、山水，出游必携歌妓。郭诩，号清狂道人，画题广泛，尤擅长山水人物、花鸟牛马。细笔不落纤媚，粗笔不近狂率，神气淌穆，耐人玩味。人物画，内容多为历史人物故事，采用白描手法，运笔如行云流水，不着颜色而光彩照人，有很高的艺术价值。这幅画中，谢安胡须飘洒、神色自若，歌妓簇拥，缓步前行，衬托出位居中央的谢安气宇轩昂姿态。

68

2. 谢姓寻根地

南阳是谢氏人的寻根之地。

南阳位于河南省西南部，北靠伏牛山，东扶桐柏山，西依秦岭，南临汉江，是一个三面环山、南面开口的盆地。

南阳亦是东汉光武帝刘秀发迹之地，所以，东汉时，南阳被定为南配都，与洛阳齐名，是当时全国繁华城市之一，故有"南都""帝乡"之称。早在战国时，这里就是闻名全国的冶铁中心。西汉时，南阳"商遍天下，富冠海内"，为全国六大都会之一。

南阳是中国首批对外开放的历史文化名城之一，是全国楚文化与汉文化最集中的地区之一。南阳伏牛山被联合国教科文组织评为世界地质公园，其他如内乡县衙、卧龙岗武侯祠、西峡恐龙遗迹园等，吸引着大批寻根者。

南阳诸葛武侯祠，是诸葛亮"躬耕于南阳"时留下的闻名于世的故址。武侯祠坐落于距南阳市区3.5公里的卧龙岗。据史书载，卧龙岗起自嵩山之南，绵延数百里，至此岗势隆起，盘结终止，回旋如巢，如伏龙纵卧，武侯祠就在回旋处。武侯祠唐时已名扬天下，杜甫在《武侯庙》中说："犹闻辞后主，不复卧南阳。"李白在《南都行》一诗中写道："谁识卧龙客，长吟愁鬓斑。"可见这些诗坛大师们对卧龙岗非常重视。武侯祠始建于魏晋后期，元代大德年间（公元1297—1307年）重建，后历经战火，屡建屡毁。现在看到的武侯祠，是在清代康熙年间复原修建的基础上重建的。

内乡古县衙是目前我国唯一保存较为完整的封建朝代县级官署衙门，被誉为"中国第一衙"。它坐落于县城东大街中段北侧，其建筑轴线对称，主从有序，前府后居，左文右武，其格局完全符合明清史书中所记载的县衙建筑规制，成为封建社会在最基层统治机构的缩影，故而有"北有故宫，南有县衙"的称誉。

插图 3-1-2 南阳武侯祠

南阳武侯祠掩映于万木争荣、苍松翠柏之中，位于南阳市区的卧龙岗上，是为纪念三国时期著名的政治家、军事家诸葛亮结庐居住、荷锄躬耕而建。此祠为晋代时南阳人民所修建，后来历经兵火，屡建屡毁，清康熙年间按照原貌再次重建。现在的武侯祠在此基础上修葺，焕然一新。

一二

邓国留邓姓

1. 邓姓始祖

五千多年前炎黄二帝时代，在中原活动着一个以邓（登）命名的远古部落，部落首领名邓伯温，他们生活的范围在今河南省南阳邓州市一带。邓部落在黄帝时加入中原地区的部落联盟，并跟随黄帝与蚩尤相战中原大地。

夏朝初年，夏王仲康把自己的儿子分封到了邓地。

商代，商汤王传至第十九世孙小乙，是中国商朝第 22 任国王。小乙的儿子叫武丁，小乙对儿子教育很严。相传武丁少年时，小乙就让他行役于外，与平民一同劳作。武丁获得了了解民众疾苦和稼穑艰辛的机会。武丁继位后，勤于政事，任用工匠出身的傅说及甘盘、祖己等贤能之人辅政，励精图治，使商朝政治、经济、军事、文化得到空前发展。

武丁还是位有开拓性的君主，他将商朝的版图大大扩展，占领了当今河南省的地区，在汉水、淮河之间分封了很多小侯国。武丁封其叔曼季于邓（今河南南阳附近）并建立邓国（今河南省南阳市）。因此，曼季是邓姓的远古始祖。

进入春秋时代，郑国和楚国都和邓国联姻，郑庄公和楚武王都娶了邓国国君的女儿为妻。邓国国君的女儿都很有才能，她们积极参与国家政事，分别为郑庄公和楚武王的得力助手，表现出较高的见识和智慧。《左氏春秋传》载："鲁桓公七年（周桓王十五年，公元前705年），邓侯吾离朝于鲁。"这是一次重大的外交活动，鲁国是强国，通过访鲁，与鲁国互结盟友，提高了邓国在东周诸侯国中的政治地位，邓国多了一把保护伞。后来，郑庄公做媒，把邓国邓侯的女儿曼介绍给鲁国鲁桓公。曼到鲁国后，和鲁桓公和睦生活，邓、鲁两国更加亲密。在这期间，发生了一件恶化邓、楚关系的大事，事因出自邓国。

插图 3-2-1"邓共盉"青铜器（古邓国遗址出土）

"盉"（hé）为古代青铜酒器，多为圆口阔腹，三足或四足，是用来温酒或调和酒水浓淡的器具。邓国遗址出土的"邓共盉"，三柱足作大象垂鼻触地状，原有器盖，盖已散佚。器束颈，圆沿外卷，颈部饰夔凤纹三组。其档及底腹部有浓重的灰垢，这是长期调酒、煮酒烧熏所致。通体花纹采用高浮雕形式，线条粗放、浑厚典雅、富丽古朴。在扳下器壁上铸有"登共尊彝"四字，形体挺秀，字口整伤。其中"登"为国族名，是"邓"之初写；"共"是该器的主人名字。根据"邓共盉"青铜器出土的信息显示，可以推断该器因祭祀而埋葬。

周桓王十七年（公元前703年），楚国派往邓国的使者道朔和另一名巴国使者在邓国南境遭到鄀国人的袭击，道朔和巴国使者被杀，财物被掠夺。楚王闻讯大怒，立即和受害国巴国组成联军，派大将斗廉率兵攻打鄀国。鄀国吃紧，无奈之中，向邓国求援。邓国邓侯气都不打一处来："你鄀国谋财害命，竟算计到出使我邓国的使者身上；而且你一个小小弱国，不自量力竟敢招惹强大的楚国；楚国打来了，你要我邓国出兵，这不是让我邓国自取灭亡吗？"鄀国再以"我亡邻必亡"的道理进一步说服邓国。鄀国一再劝说，邓侯也感到鄀国说得有道理，只好派一些兵力援助鄀国。结果邓国一出兵，还打了胜仗，可楚国大军一到，鄀国即被灭，邓国也把楚国给得罪了，楚、邓从此结下仇怨，埋下了祸根。

15年后，楚文王率军借道邓国北上攻打申国、吕国，邓国侯作为文王的舅舅，设宴招待了这位实力强大的外甥。这时，邓国以雅甥、聃甥和养甥为代表的一批大夫，极力主张乘机杀掉楚文王。但邓侯固执己见，不听劝告。果然，公元678年，楚国又拉上伙伴巴国，联合向邓国发动了猛烈的攻击，终于爆发了"楚巴与邓之战"。对抗双方经过三次进退后，楚巴联军采用前后夹击的战术，打败了邓国军队，攻陷邓国都城，邓国侯被杀。

亡国之后的邓侯子孙和邓国百姓为了纪念邓国，便纷纷改姓为邓。

2. 邓姓发源地

邓州是全球华裔邓姓的发源地，当今海内外邓姓人，纷纷到河南邓州市寻根。

邓州市古称"穰"，地处南阳盆地的中南部，豫、鄂两省交界部位，北通中原，南控荆襄，素有"两省雄关"之称。邓州白河环其前，伏牛耸其后，山清水秀，沃野百里。邓州历史悠久、文化灿烂，古老的邓州为后人留下众多的名胜古迹，现有93处文物保护单位。其中，吾离陵和福胜寺塔闻名于世。

邓国侯吾离陵发现于1957年，位于邓州市城区东南八里王村，吾离陵是邓姓十九世祖、邓国侯吾离的陵墓，在《春秋》和《左传》中均有记载。吾离是第一位见于正史的邓国国君，他在任期间，励精图治，发展农桑，鼓励冶铁铸造，"邓师铸剑"曾闻名天下，又广泛与列国建交，邓国曾一

插图3-2-2 邓州福胜寺塔

福胜寺塔又称梵塔，是一座庄严古朴的楼阁式密檐浮雕砖塔。始建于北宋天圣十年（公元1032年），初建时为13级，高20余丈，后为兵燹所焚。现仅存7层，高36.7米，通体呈八棱圆锥状，造型简洁，比例适度，塔檐青砖砌成，塔身周围，每面都有用砖浮雕的佛龛群，约有1300多块佛龛，上有浮雕，雕刻有天王、菩萨、金刚、罗汉、黄巾力士等佛法神像，造型奇特。佛龛的边缘和拱门的周围，饰有各种蔓草花纹，图案优美。1986年在塔的地宫中发现一批由金棺银椁组成的佛祖舍利等稀世珍宝。

度崛起，屹立于列国之林，是邓国史上有作为的国君，史称"中兴之君"。邓国侯吾离陵墓为"天下邓氏第一陵"。

福胜寺塔，于天圣年间（公元1023—1027年）建造，又称梵塔。当地民谚云："邓州有座塔，离天一丈八。"传说塔底中间有一深井，百姓称"海眼"，有一对金鸭子井中遨游，常听到叫声。1988年修复塔基，发现"海眼"是一座地宫，发掘出金棺银椁等稀世珍宝。金棺银椁放置在玉质石函内。银椁为长方形，安放在须弥座椁床上。椁之前方竖两根檐柱，其上承托仿木结构的房顶，上有脊兽、瓦垄、瓦当、滴水、封檐板等，雕刻精细，精美绝伦。银椁盖为七棱形，其上为线形纹饰，前方透雕双龙戏牡丹。金棺放在银椁内的前方，长19厘米，高12厘米，重620克。金棺左侧为释迦牟尼涅槃的故事图，右侧为出行图。金棺内，前面放一尊"顶骨"，后边放一枚"佛牙"。银椁后有一个米黄色玻璃瓶，瓶中是无色透明液体，浸润着米粒大小的佛祖"舍利"。瓶内还有一件镏金双龙银壶，一件彩色玻璃葫芦。福胜寺塔和金棺银椁很快蜚声海内外。

72

3. 邓氏传人

邓姓自春秋诞后两千多年以来，世代繁衍，发展壮大，名人辈出。

邓禹，南阳（今河南新野）人，东汉名将，跟从光武帝刘秀破王匡、刘均等军，名震关西。天下平定，功勋显赫，封高密侯。后绘图云台，居二十八将之首，为邓氏家族的第四十七世祖。

邓艾，义阳棘阳（今河南省新野）人，三国时曹魏名将，官任镇西大将，率军灭蜀汉，为邓氏家族第五十四世祖。

邓芝，河南省新野人，邓禹的后裔。三国时蜀国名将。他为将军二十余年，赏罚分明，善恤卒伍，是历史上著名的清明廉洁的军事将领。

邓世昌，广东省番禺人，清末海军名将、爱国将领。在1894年的黄海战役中，率致远舰奋勇作战，在弹尽、舰伤之际，加速猛撞吉野号未果，因中鱼雷，全舰官兵壮烈殉国。

邓廷桢，江宁（今江苏省南京）人，清代名将，历任两广总督、闽浙总督，曾率军阻击英舰于厦门，后受投降派诬陷，与林则徐一同被充军伊犁，3年后被重新起用，著有《双砚斋诗钞》。

传奇白姓

1. 公胜卒白姓出

公元前 527 年，楚国至楚平王时，朝中出了一件荒唐的事。楚平王有个儿子叫熊建，在战斗中屡立战功，也得到大家的好评。楚平王准备给他纳一美妾以作奖赏。为此，楚平王招来大夫费无忌商议此事。费无忌阴险奸诈，诡计多端，为取得楚王的信任，耍尽了卑劣的手段。当楚平王找他商议为太子熊建纳妾之事，他以特有的敏感意识到，献媚讨好的机会又找上门来了。他马上向楚平王献计说，到秦国为太子选美最好，一是因为天下美女皆在秦国，会让太子建称心如意；更重要的是能和秦国联姻，通过联姻起到缓和两国关系的作用，一举两得，何乐而不为。楚平王听了，非常高兴，就派费无忌去操办这件大事。

费无忌到了秦国，美女如云，任意挑选，终获一女，满意而归。他在回国路上却灵机一动，改变了为太子建选美的初衷。他认为美女人人爱，楚平王也不例外，不如把这位秦国美女献给楚平王，以博得楚平王的欢心。但他又有所顾虑，怕事情败露，太子建岂能放过自己。不过，费无忌什么都缺，就是不缺阴谋诡计。

费无忌知道太子建和太傅伍奢关系很好，上奏楚平王，诬蔑伍奢与太子建勾结要进行谋反。昏庸的楚平王轻信了

插图 3-3-1.1 白公胜画像
春秋末期楚国大夫，楚太子建之子，曾携全家出逃至郑（今河南新郑）。不久，其父为郑人所杀，又由郑入吴，侨居三十余年。楚惠王时返楚。封在白地（今河南省信阳市息县白土店），号白公。

费无忌的谗言，立即把伍奢囚禁起来，而且要杀掉太子建。太子建闻风大惊，带上儿子熊胜，逃离楚国。

太子建逃出楚国，一路北上流落到宋国，在宋国停留一段时间后，折而西进，跑到地处中原腹地的郑国。在郑国落脚不久，却惹上了杀身之祸。

平素里，太子建爱好广交朋友，他曾与晋国有过密切交往。恰在太子建避难郑国期间，晋国正积极准备攻打郑国，在备战中获悉好友太子建此时正在郑国，这真是天助晋国。于是晋国立即派人与太子建联络，让他在晋攻伐郑国时做个内应。太

子建还颇仗义，竟欣然同意了。但是，太子建还没付诸行动，他与晋国密谋的事就被泄露出去了。郑国君大怒，心想我好吃好喝留下你避难，你却恩将仇报。于是立即下令抓捕太子建，毫不留情地杀掉了太子建。太子建的儿子熊胜在混乱之中逃出了郑国。

熊胜逃出郑国之后，走投无路，忽然得到当年和父亲一起被诬陷的伍奢的消息。伍奢落难后，他的儿子伍子胥也逃出。于是熊胜设法找到了正在避难的伍子胥。一对患难哥儿们一商量，决定到吴国一避，便在吴国居住下来。

楚平王死后，楚惠王继位。熊胜是楚惠王的堂兄，楚惠王寻找到被父亲陷害的熊胜，从吴国召回，任他为大将军，并将白地（今河南省信阳市息县白土店）封给他做食邑，称熊胜为白公，叫他白公胜。白公胜虽然在楚有了一定的政治地位，作为大将军，也为楚国的霸权政策效力立功，受到楚王的信任，但不知为何他仍是心情不快，郁郁寡欢。

白公胜是个心地很善良的人，十分重视百姓的疾苦。他看到楚国为争霸主地位，连年发动战争，倾尽人力物力，受害国百姓家破人亡。楚国百姓也在沉重的负担中，生活贫苦。因而，他产生了厌战、反战情绪，他多次向楚惠王提出罢战的建议。但是，楚惠王扩张的野心正在膨胀之中，哪里听得进去，不但听不进反而引起了反感。这时，奸佞小人乘机挑拨离间楚惠王与白公胜之间的君臣之情，本来按军功白公胜应升任左司马之职，但楚惠王却把白公胜搁置起来。白公胜的忧忿时有流露；特别是想起父亲太子建被害之事，更增添了不满情绪。

楚惠王又要出兵攻打许国了，他命令白公胜领兵出征，满肚子委屈和不满的白公胜拒绝接受出战之命，强烈而大胆地表达出他的反战情绪。楚惠王哪容得下他这样的态度，大为愤怒，立即下令去抓捕他。

白公胜早有心理准备，有所警惕，也做了必要的防备。当听到楚惠王下令捉拿自己，马上召集自己的部将冲进王宫大殿，把楚惠王绑了起来。白公胜没有杀楚惠王，只是把他赶出了都城。白公胜一时控制了都城。

据守北疆的楚国将领沈诸梁得到消息后，立即率军赶到包围了都城。白公胜坚守城池不出战，沈诸梁调集大量部队，攻破城门，白公胜自杀身亡。

沈诸梁抓到白公胜的家人，认为白公胜过去是楚国的有功之臣，为人品格高尚，就赦免了白公胜一家，把他们安置到白公胜的封邑白地（今河南省信阳市息县白土店）。

74

插图 3-3-1.2 白居易所立白氏祖碑

唐文宗李昂太和五年（公元 831 年），时任河南府最高行政长官河南尹的白居易，亲自为白氏祖先立碑，元稹撰写碑文。2001 年出土，碑文清晰，碑首雕刻八龙饰纹，通高 6.3 米。

白公胜的儿子公子熊晨，带领全家回到自家的封邑白地，关门读书，耕田为生，受到邑地百姓的尊敬。后来，熊晨提议，为了不忘先父，全家以邑为姓，姓白。

2. 有情有义息夫人

春秋时期，陈国的先祖是舜的后裔，世居于妫水，后来即以此水为姓，文王灭商后陈国被封在今河南省漯河市舞阳县一带。

陈国（河南省商丘市柘城县）国君有两位公主，都是名誉天下的美女。姐姐嫁给了蔡国（河南驻马店市上蔡县）国君，称为蔡妫；妹妹嫁给了息国（今河南省信阳市息县）国君，称为息妫。息妫就是著称于史的息夫人。

公元前 684 年，息夫人回陈国探亲，一路北上，顺路到蔡国探望久别的姐姐蔡妫，哪知姐夫蔡侯竟是个重色的国君。蔡侯在为息妫接风的宴席上，公然在大庭广众之下言语轻薄调戏息妫，这还不够，又拉住息妫的手紧紧不放。息妫怒火中烧，不待盛筵结束，便率领从人愤然拂袖而去。

息妫满腹恼怒和委屈回到息国，即将此事告诉了息侯。息侯感到有失尊严，决意要报复蔡侯。但考虑到当前息国力薄国弱，不可与蔡国抗衡。焦急之中想到强大的楚国，何不"借刀杀人"。于是，他即向楚王献灭蔡之计，楚王早有向外扩张而灭蔡之心，息侯的建议正中下怀，便毫不犹豫地应承下来。于是，息侯和楚王合谋上演双簧大戏。楚国佯攻息国，息国马上向蔡侯求救，蔡侯认为息与自己是连襟的关系，也毫无戒备地出手相助。

当蔡侯亲率大军去救息国时，人马安营未定，已经埋伏好的楚息联军，迅速从四面把蔡军包围起来，发起猛烈进攻。蔡军难以抵挡，蔡侯趁黑夜仓皇突围。蔡侯哪会知道是息侯暗算自己，突围出来急奔息国都城求援，但息侯却紧闭城门。后面追兵紧随，蔡侯走投无路，只得率军向蔡国逃去。息侯好像出了口气，并不继续追击蔡军。可楚王的目的没有达到，从后面紧追不舍，终于活捉了蔡侯。息侯见此情景，也不敢惹楚王，只得顺水推舟，慌忙犒劳楚军。直到此时，蔡侯方知息侯在这次交战中所扮演的角色，但悔之已晚矣。

蔡侯对息侯恨之入骨，对楚国无端出兵满腔愤怒。所以，他被楚王押回楚营，大骂不止。楚文王大怒，下令要烹杀蔡侯以祭太庙。楚国的忠心耿耿大臣鬻拳犯颜直谏，说道："大王准备问鼎中原，若杀蔡侯，楚国周围小国会担忧而结成联盟与我国为敌。现在不如放他，再表示与蔡国结为盟友。"楚文王虽然明白这个道理，总认为蔡侯太嚣张，仍然坚持烹杀蔡侯。鬻拳看情况危急，不顾一切地冲到楚王座前，抓住楚王的袖子，拔剑厉声说道："臣与陛下就是都死，也不忍看到楚国丧失诸侯中的盟友！"楚文王大惊失色，又感到这是鬻拳为楚国前途着想的苦心，立即下令赦免了蔡侯。鬻拳匍匐在地，说道："大王能听臣的建议，是楚国之福，然而臣子胁迫君王，罪当万死，请杀了我吧。"楚王说："你的忠心可昭日月，寡人不怪罪你。"鬻拳却说："大王虽然赦臣，我却不能自赦！"手起剑落，鬻拳砍掉自

SERIES ON THE HISTORY AND CULTURE OF

中原历史文化系列丛书

己一只脚，大声对群臣说："人臣有对君上无礼的，应该以此处罚。"

楚王愧然认为自己不能接受有利于国家利益的意见，使忠臣受到如此摧残，即命人用棉匣将鬻拳的断脚装起来，放在太庙之中，以示永久自责。

楚王在宫中设宴，为蔡侯钱行。蔡侯此时最恨的是息侯，他深知楚王是好色之君，于是，心生一计。在酒宴上推杯换盏之间，极力向楚王称赞息夫人的美貌，惹得楚王垂涎欲滴，急欲得手。楚王果然率领大军，以巡视为名来到息国。息侯不敢怠慢，忙设宴相迎，楚王便说："我为尊夫人出了气，夫人怎么不敬酒以谢呢？"息侯惧于楚国的武力，不敢拒绝，即命人召唤。息妫出来倒酒，楚王一看，惊为仙女，本想亲手接酒，可息妫却不慌不忙，将酒杯递给仆人，再转递于楚王。而楚王还是高兴地一饮而尽，息妫不动声色，拜谢回宫。

楚王绝不罢休。翌日，楚王借答谢之名，设宴招待息侯，却暗备伏兵。酒宴上他假装醉酒，对息侯说："我对你夫人有大功，今三军在此，怎不让你夫人斟酒以表慰劳？"息侯明白楚王贼心，婉言推辞，楚王拍案而起，斥息国背信弃义，命人把息侯捆起来。楚王带着将士直奔息国的王宫抓息妫，息妫听说欲投井徇情。楚王对她说，只要答应作楚国夫人，就不杀息侯，不毁息国宗庙。从此息妫被封为楚国夫人，息侯却被封作都城守门小吏。

息妫在楚三年，备受宠爱，生下两子，但三年未发一言。最后楚王无奈逼问，息妫说道："我不能为夫守节而死，有何面目与人欢笑！"

一天楚王出城打猎，息妫趁机跑到城门私会息侯，面对夫君表示心愿既了，再不甘忍辱偷生，愿以死明志，头撞城墙，香消玉殒。息侯大恸，万念俱灰，也撞死在城下。当楚文王打猎回来，知道了这件事，黯然神伤，有感于二人的纯情，以诸侯之礼将息侯与息夫人合葬桃花山上。后人在山麓建祠，四时奉祀，称为"桃花夫人庙"。

3. 白姓英才

白起，战国时秦国名将。历史上著名的军事家。他率秦军南征北战，攻城略地，全歼韩、魏联军24万人，先后攻取韩、魏、赵、楚等国70余城，楚国都城郢（今湖北江陵县北）亦在其中。周赧王四十二年（公元前273年），赵、魏联军攻韩，白起率军救援，大败联军，斩魏军13万人，将赵军2万余人沉入黄河。周赧王五十五年（公元前260年），白起率军攻赵，赵大将廉颇知秦军强势，坚守不战。白起施离间之计，大胜，在长平（今山西省高平）坑杀赵军战俘四十多万人。后白起为相国范雎所妒忌，周赧王五十八年（公元前257年）十二月被逼自杀。

白居易（公元772—846年），字乐天，出生于郑州市新郑，历任翰林学士、左拾遗、赞善大夫等职。元和十年因得罪权贵被贬江州司马。晚年退居洛阳香山，自号香山居士，为唐代新乐府运动的重要诗人。其诗作《琵琶行》千古传颂，《长恨歌》家喻户晓。因为他活动于洛阳，所以成为洛阳白氏的开基始祖。

白姓人的寻根之地在河南省信阳市息县。息县位于河南省东南部，大别山北麓，有"不息之壤"之称。自公元前1122年周武王分封赐土，建息国至今已有三千多年的历史。三千多年来，历史风云变幻，但"息"字岿然不动。

潢川衍黄姓

1. 潢川立黄国

中国古代有四大河流——济水、黄河、长江、淮河。四大河流之一的淮河发源于桐柏山，自西向东，流经豫、皖、苏三省，注入洪泽湖，长达1000公里。淮河曾是"泛滥成灾"之河。可在3000年前，淮河静静地流淌在芦苇与野草丛生的河滨，是一群群短尾鸟栖息的天堂。河水奔流不息，山上森林如盖，山、水、鸟处于一种自然状态下的和谐与平静。有种鸟叫"淮鸟"，名字很美丽。可不知从什么时候起，淮鸟销声匿迹，淮河再不平静了，变成了"泛滥成灾"危害生灵的河流。

夏朝初年，淮河之畔生活着一个部族，叫东夷族，首领叫伯益，是少昊的后裔。伯益之后，其子陆终接替了首领之位。陆终曾跟随大禹治理淮河，为治水患付出了心血。陆终当了部落首领之后，他的一项很重要的事务，就是率本族百姓防治淮河水灾。

这一年，淮河流域暴雨连连，河水猛涨。东夷族人所居住的淮河南岸，突然决口，

插图3-4-1 黄国故城遗址

黄国故城建于夏朝初年，历经夏、商、周三代，至公元前648年为楚所灭，距今四千多年，是世界黄姓的发源地。黄国故城遗址位于河南信阳市潢川县隆古乡，淮河南岸，小潢河之西，平面呈长方形，周长6720米，墙宽1025米，残存高57米，城门遗迹3城墙四周有护城壕。城内还发现数处冶铸青铜器的作坊遗址，出土有青铜礼器和镞、戈、矛、剑等兵器残片。

洪水汹涌冲向田野房屋。陆终立即带领族人堵决口抗洪水，他身先士卒，跳入洪流。大家奋力向前，终于堵住了决口，但陆终却消失于洪流之中。

夏王启得到消息后，深为陆终的献身精神感动，又想起陆终曾协助自己的父亲大禹治理淮河水患做出的重大贡献，就把黄地（今河南省信阳市潢川县一带）封给了陆终的儿子南陆公。

南陆公受封黄地后，建立了黄国。南陆公勤政为民，领导黄国臣民大力治理淮河，发展生产，黄国走向繁荣，百姓生活安定。夏王赐黄国臣民以黄为姓。自此，一个以国为姓的部族，出现在淮河之滨。黄姓虽以国为姓，但贵在是帝王赐姓。这是黄氏的骄傲。

黄国历经夏、商、西周到东周一千四百多年，于公元前648年被楚国所灭。黄国臣民遭受了国破家亡的劫难，四散流落。然而黄姓人无论走到哪里，都会就地生根开花，为中华文明做出贡献。

78

2. 黄姓子孙

"陈林半天下，黄郑排满街"，是说海内外华人中，陈、林、黄、郑四个姓氏的人最多。黄姓是海外四大华夏姓氏之一。

河南省信阳市潢川县，是中华黄姓发源地。潢川因淮河支流潢河穿城而过而得名。春秋称黄国，汉代为弋阳，盛唐谓光州，民国二年更名潢川。潢川，位于河南省南部，北临淮河，南依大别山，山河壮丽，历史悠久，文化灿烂。潢川遍布古迹遗址，黄国故城遗址，仍不失当年恢宏之气势。潢川县出土的文物蔡番青铜器精美绝伦，唐代吴道子的墨迹碑刻出神入化。潢川县不但历史文化厚重，而且自然景色优美。它山翠河清，如诗如画，素有"豫南小苏州"的美称。

黄姓得姓之后，人气旺盛，发展繁衍，四处迁播，形成许多望族，涌现出许多杰出人物。

黄歇，春秋楚国大夫。黄歇博学多才，见多识广，口才出众，极富辩能。他任左司徒时，曾负命出使秦国，舌退秦兵，在历史上留下美谈。强大的秦国早有并吞楚国之心。这一年，秦昭王又派秦国名将白起率军伐楚，楚顷王闻风丧胆，仓皇之中把都城迁到陈地，举国一片混乱。而黄歇却另有主意，他求见楚王力陈退兵之计，请求出使秦国，说服秦国退兵。楚王答应了他。黄歇到了秦国，不为所惧，冲破卫兵的阻拦，到了秦王

插图3-4-2 黄国夫人铜壶

此件青铜器1983年出土于古黄国故址黄君孟夫妇合葬墓。"黄君"，是指黄国的国君；"孟"是这位国君夫人的名字。铜壶是古代的酒器，兼可盛水，容体甚深，下承圈足。器身光亮，造型精巧，长颈鼓肚，双耳虎形，纵跃上升，回首张望。腹部纹饰漂亮，长颈铸铭文"黄子作黄甫人行器则永宝宝鉴冬鉴复"。"甫"，通"夫"；"鉴"，通"令"，善的意思；"冬"，通"终"；"复"，通"后"。"鉴终鉴复"，即"善始善终"之意。铭文释意即为：黄国国君为黄夫人孟作器，希望她永远珍藏保存。

跟前。秦王说："就凭你三寸之舌，能退我雄兵？"黄歇有理有据地分析了秦国不断征伐已处疲惫之状，指出其他诸侯国也在坐山观虎、待收渔翁之利的局面。秦王听后，点头称道，答应退兵。黄歇不辱使命，回楚被任为宰相，封十二县为食邑，为春申君，名震诸侯。

黄庭坚，北宋"江西诗派"的开山鼻祖。苏轼非常欣赏他的诗，后与苏轼齐名，世人称为"苏黄"。他任过编修官，教授北京国子监，在新旧党争中，数次被贬。在诗歌创作上，他有自己一套完整的技巧与方法，开创了新的流派。黄庭坚学书法30年，在运笔和风格上变更古法，追求书法的胸怀和意境，开一代书风。反映他艺术成就的《山谷集》，对后世影响很大。

3. 黄歇的故事

黄歇年轻的时候曾四处拜师游学，见识广博，以辩才出众深得楚顷襄王的赏识。在楚顷襄王熊横还是太子的时候，曾在秦国作人质。公元前302年，熊横在私斗中杀死秦国的一位大夫逃回楚国，秦国和楚国的关系开始恶化。公元前299年，秦国伐楚，攻下八个城池，楚怀王入秦国求和，被秦昭王强行扣留，最后于公元前296年死在秦国。公元前298年，楚顷襄王即位，秦昭王对其非常轻视，大举出兵准备灭掉楚国。秦昭王派遣白起攻打楚国，夺下巫郡（今四川东部）、黔中郡（今湖南、四川、贵州交界地区）两郡，并于公元前278年攻

插图 3-4-3.1 春申君黄歇画像

下楚国都城鄢郢（今湖北江陵），向东直打到竟陵（今湖北潜江），楚顷襄王被迫把都城向东迁往陈县（今河南淮阳县）。这时的楚顷襄王急于和秦国求和，于公元前272年派遣辩才出众的黄歇出使秦国。

秦昭王已命令白起同韩国、魏国一起进攻楚国，正准备出发。这时，黄歇恰巧来到秦国，听到秦国这个计划，黄歇上书劝秦昭王说，秦国和楚国是最强大的两个国家，如果秦国攻打楚国，必然会导致两败俱伤，很容易使韩、赵、魏、齐等国家得渔翁之利。还不如秦国和楚国结盟，联合起来一起对付其他国家。

秦昭王被黄歇成功说服，于是阻止了白起出征，派使臣给楚国送去厚礼，与楚国缔结盟约，互为友好国家。黄歇接受盟约后回到楚国，楚顷襄王派黄歇和太子熊

春申君（公元前314—前238年），名黄歇，楚国公室大臣，是著名的政治家、军事家，与魏国信陵君魏无忌、赵国平原君赵胜、齐国孟尝君田文，并称为"战国四公子"。黄歇博闻善辩。任楚国令尹时，对外穷兵黩武，纵横捭阖，对内辅国持权、广招宾客，名重诸侯。楚考烈王元年（公元前262年），被任为相，封为"春申君"。公元前238年，楚考烈王病逝，春申君奔丧时被楚国国舅李园刺杀。

完作为人质去了秦国，秦昭王将他们扣留了10年。

公元前263年，楚顷襄王病重，秦国却不同意熊完回楚探父，黄歇知道秦国丞相范雎和熊完关系很好，于是试图说服范雎。黄歇指出楚顷襄王可能会一病不起，如果秦国能让熊完回去，熊完即位后必然会感激秦国，努力维护和秦国的关系；如果不放熊完回去，而是利用熊完要挟楚国，楚国必然会另立太子以对付秦国，秦和楚的关系就会破裂，而被秦国掌握的太子熊完也就变成了一个没有价值的人。

范雎将黄歇的意思转达给秦昭王，秦昭王让熊完的师傅回去探问一下楚顷襄王的病情，回来后再作打算。此时的黄歇为太子熊完深深担忧，他觉得如果楚顷襄王真的不幸去世，而熊完又不在楚国的话，把持楚国朝政的王室宗亲阳文君必定会把自己的儿子立为新太子，这样，熊完就不能继承王位了。于是，黄歇让熊完换了衣服扮成楚国使臣的车夫得以出关，而他自己却在住所留守，并以熊完生病为借口谢绝访客。等熊完走远了，秦国没办法再追到时，黄歇才向秦昭王说出实情，秦昭王大怒，想让黄歇自尽。范雎劝道，熊完即位后，必定会重用黄歇，不如让黄歇回去，以表示秦国的亲善。秦昭王听从了范雎的意见，因而将黄歇送回了楚国。

黄歇回到楚国三个月，楚顷襄王去世，熊完即位，称为楚考烈王。楚考烈王元年（公元前262年），黄歇被楚考烈王任命为楚国令尹（相国），封为春申君，赐给淮北十二县的封地。

可考烈王熊完没有孩子，这时，黄歇乘机做了一件不光彩的事——娶了位美女，即赵国李园之妹，妻子怀上孩子后，他突发奇想，为了取得楚王的信任，他把妻装扮成大姑娘，献于考烈王，孩子生下后，被立为太子。

插图 3-4-3.2 黄夫人伏羲女娲玉佩

此件玉器出土于黄国故址黄夫人墓，故称"黄夫人伏羲女娲玉佩"。墓中随葬玉器达131件之多，制作精巧美观，以虎、鱼、蚕、人首等造型的佩玉为主，其质玲珑剔透，造型生动写实，风格繁复古朴。古代玉器为贵族所用之物，普遍用于祭祀、征召、朝聘、封赏、墓葬，还作吉祥物佩戴身上。

公元前257年，秦国的军队包围了赵国都城邯郸，赵国告急，赵国丞相平原君赵胜前去楚国求援，楚考烈王背弃秦楚盟约于不顾，派遣春申君领兵救赵。同时，魏国也派信陵君魏无忌救赵。楚、魏、赵三联合一举击溃秦国，解除了邯郸之围。

公元前256年，楚考烈王派黄歇北征伐鲁，次年灭掉鲁国。黄歇援赵灭鲁，在诸侯中的威望大增，也使楚国重新振兴。春申君黄歇和齐国的孟尝君、赵国的平原君、魏国的信陵君竞相礼贤下士，招引门客，称为"战国四公子"。黄歇有门客三千多人，在"四公子"中居首位。其门客逞强好斗，奢侈浮华。

公元前256年，秦灭东周，各诸侯国担忧秦国吞并中原的势头不能遏制，于是互订盟约，成立了"联合国"与秦抗衡，楚考烈王被选为六国盟约首脑，考烈王派春申君任"联合国秘书长"，当权主事。但在六国联军攻打秦时，秦国倾全国之兵应战，打败了六国联军，楚考烈王把罪责归于春申君，开始冷落黄歇。

公元前238年，考烈王病死，楚幽王即位，李园妹被立为王后，国舅李园掌握了大权，一心取代黄歇的位置，暗中豢养了刺客。当春申君前去王宫奔丧时，李园在棘门埋伏刺客，杀死了春申君，又到其家，将其满门抄斩。

潘崇传潘姓

1. 潘国灭而潘姓留

周武王姬发灭商定天下后，把分封作为国策，视为安国大计。在分封中宫室亲属是重要对象。他的父亲周文王姬昌有一个孙子叫伯季，作为优先对象，被封到肥沃富饶的潘地（今河南省信阳市固始县）。伯季在潘地建潘国，成为潘国开国之君。

麻烦的是潘国遇上了一个强势邻居楚国。楚国正沉醉于中原争霸的美梦中。当楚国把周边的小国一个个灭掉后，开始北上进军中原。

潘国就是楚国攻伐的目标之一。公元前663年，楚国大军压境，兵临城下，潘国哪敢以卵击石。国君权诵开始安排潘国后事了。他向臣子们说，潘国被灭之后，不要忘记潘国先祖，潘国臣民不管流散何方，不要忘记潘国的故土。并且，一再嘱托他的儿子崇，以后要发展潘氏家族，希望能复国。权诵说完，拔剑自杀。楚军冲进来了。在喊杀声中，崇带领家人投降了楚国。潘国亡国后，潘姓臣民，向四面八方逃离而去。

潘崇投降楚国后，表面上百依百顺，对楚国看上去忠心耿耿，其实这只是他的权宜之计。他不忘父亲的遗训，等待复国的时机。他更加勤奋读书，习武练剑。正当这时，楚成王想为太子商臣找一位老师，有人推荐了博学多才的潘崇。楚成王非常满意。潘崇进入了宫廷。

潘崇精心教育太子商臣，要用自己的观点来塑造他，将爱民、反战作为主要的教育内容。潘崇给太子讲述亲身经历的楚成王连年吞并弱国的战争，造成无数人家破人亡，流离失所。战争的残酷激起了太子的反战情绪。商臣成人之后，果然多次阻止父亲楚成王发动战争。商臣力劝成王罢兵息战，遭到父亲的坚决反对。商臣一气之下，竟带兵逼父退位，成王气极自尽。商臣继位，是为楚穆王。

楚成王之死，感到欣慰的是潘崇，他认为，自己对楚成王儿子商臣的教育终于了却了自己的愿望，为父亲报了仇；更使他有成就感的是楚穆王商臣在自己的教育下，播下了反对战争掠夺的种子，楚国减少了对外的军事行动，这使民众避免了颠沛流离的苦难。

可是，随着楚穆王的政治上日趋成熟，逐渐感到向外扩张的重要，也蠢蠢欲动，总想出兵去略地攻城。但他每次提出出兵，总是遭到潘崇的反对。最初，楚穆王认为他是自己的恩师，还不便反驳，久而久之便对潘崇的劝阻产生了反感。再加上朝中有人怂恿楚穆王，推波助澜。楚穆王一听到潘崇劝谏，就引起反感，因此，他逐渐疏离了潘崇。

有一天，楚穆王又要发兵20万进攻中原，矛头指向一些小国。潘崇立即进宫阻止。这一次，楚穆王拉下了脸，再不理会这位老师，竟然把潘崇斥退出去。潘崇怎能受此冷遇，就带着家小，悄悄地离开了都城，回到故乡潘地（今河南省信阳市固始县）定居下来。潘崇在故乡传宗接代，潘姓繁衍生生不息，逐渐形成望族。秦末，在楚汉相争中，潘氏即从江淮地区向四周迁播，出现了许多杰出人物。

2. 潘氏英灵

河南省信阳市固始县是海内外潘姓华人的寻根认祖之地。

固始县位于河南省南端，豫皖在此交界，华东与中原在此交融。固始县山川秀美，历史悠久，孕育出众多的杰出人物。东汉光武帝时的大司马李通曾任固始侯。春秋时，楚国名相孙叔敖是固始人，他是历史上有名的治水名家，协助楚国取得霸主地位。还有几位著名的移民人物，唐高宗时的陈元光，率固始籍士兵入闽平"蛮僚"之乱，后屯兵福建，被尊为"开漳圣王"；唐僖宗时的王审知、王潮、王审，带领5000乡民，以义军入闽，为福建的建设做出了巨大贡献，被封为"闽王"。清朝时，河南唯一的状元也是固始县人，叫吴其，他又是著名的植物学家、矿物学家。他所著的《植物名实图考》，被认为是中国古典植物学的最高标志。

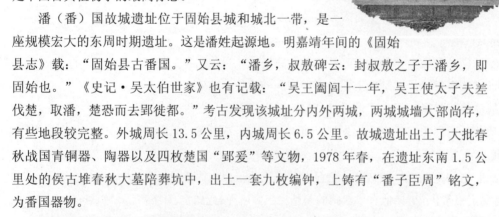

潘（番）国故城遗址位于固始县城和城北一带，是一座规模宏大的东周时期遗址。这是潘姓起源地。明嘉靖年间的《固始县志》载："固始县古番国。"又云："潘乡，叔敖碑云：封叔敖之子于潘乡，即固始也。"《史记·吴太伯世家》也有记载："吴王阖闾十一年，吴王使太子夫差伐楚，取潘，楚恐而去郢徙都。"考古发现该城址分内外两城，两城城墙大部尚存，有些地段较完整。外城周长13.5公里，内城周长6.5公里。故城遗址出土了大批春秋战国青铜器、陶器以及四枚楚国"郢爰"等文物，1978年春，在遗址东南1.5公里处的侯古堆春秋大墓陪葬坑中，出土一套九枚编钟，上铸有"番子臣周"铭文，为番国器物。

潘（番）国故城遗址对研究东周时期的城池建设、淮河流域小国的历史，以及中原文化与楚文化都具有重要价值。

潘姓在历史上有众多杰出人物，家喻户晓，名扬千秋。

插图3-5-2 潘（番）国故城遗址

潘国故城遗址位于固始县城和城北一带，是一座规模宏大的、具有两千多年历史的东周时期古城遗址。番是楚国灭蓼后扶持的小国，番国的都城称为楚邑，楚邑指的就是该城城址。

潘安，西晋文学家。他自幼聪明过人，后被推举为秀才，曾任河阳令、廷尉评、太傅主藩等职。其诗赋多为名篇，有《潘黄门集》传世。他丰姿修美，容貌出众，少年居洛阳城时，每乘车出游，总有一些女子投花掷果以示爱慕之心，是中国历史上有名的美男子。现潘安故里已建成游乐园，占地百亩。园内有高3米的潘安塑像。

潘美，北宋名将，潘美与宋太祖赵匡胤素厚，宋朝代周后，受到重用，参加平定李重进叛乱，镇守扬州、潭州，累迁防御使。开宝三年（公元970年），为行营兵马都部署，率军攻灭南汉。后又参与平南唐、灭北汉、雁门之战等重要战役，被封为韩国公。雍熙三年（公元986年），因攻打辽国失败，导致杨业全军覆没，潘美被削三任，降为检校太保。次年，又复旧官。淳化二年（公元991年），加同平章事，数月后死。

六

蔡国续蔡姓

1. 分封上蔡

周武王灭商后，头痛的问题是怎样安置殷民。周朝本土远在西部，人数比殷民少，灭商的战争结束后，周军思乡之情更浓了。周殷两族是世仇，如今一胜一败，矛盾进一步激化。为此，周武王采取分封诸侯的办法来缓和矛盾，稳定局面。他对殷商贵族的分封特别用心。

武王称纣王的儿子武庚为"武庚禄父"，封在原殷商旧都附近地区，成为周的一个诸侯国。但武王对**武庚不放心**，就把自己的三个弟弟封在**武庚封地**的周围。大弟弟叔鲜封于管，时称管叔，封地在今郑州一带；另一弟弟叔度封于蔡，时称蔡叔，封地在今河南上蔡县一带；还有一弟弟叔处封于霍，时称霍叔，封地在今山西霍州一带。**管叔**、**蔡叔**、**霍叔**成了监视武庚的**诸侯**，时称"三监"。周武王认为这样的

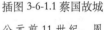
插图 3-6-1.1 蔡国故城

公元前11世纪，周武王姬发封其弟叔度于蔡（今河南省驻马店市上蔡县），建立蔡国，在芦岗东侧修筑都城，未竣而殁。周成王三年，其子姬胡修建而成。到第18代君主蔡灵侯十二年（公元前531年）楚灵王杀蔡灵侯，蔡国第一次被灭，楚公子弃疾任蔡公。第十九代君主蔡平侯复国迁都到吕亭（今河南省驻马店市新蔡县），称"新蔡"。第21代君主蔡昭侯又把都城新蔡迁到"州来"（今安徽省凤台县），称"下蔡"，蔡国的故都称"上蔡"。上蔡作为蔡国的都城达500多年。今存蔡国故城遗址，是我国现今保存最完好的西周古城，位于今河南省上蔡县城西南。

布局，可包围武庚封地，东方的安定就有保证了。

武王认为东方的局势万无一失，便放松了警惕。其实，武庚的复商之心一直不死，时时等待着机会。机会终于来了。周武王灭商三年后死去，其子姬诵继位，是为周成王。因成王年幼，只好由周公姬旦代理国事。这引起了一些人的猜疑，认为周公姬旦别有用心，连管叔、蔡叔、霍叔都对周公的专权大为不满。

武庚分析了时局，认为周朝内外矛盾重重，可以行动了。他联络了东方一些小国，又密谋勾结"三监"中的蔡叔和管叔起来叛周。但他错误地估计了形势。成王与周公立即率大军东进，很快平息了叛乱。他们杀掉了武庚；管叔自缢身亡；蔡叔被擒，囚禁起来；霍叔没有出兵，是胁从，仅免去诸侯职位，降为庶人。后来蔡叔被流放，远离了蔡邑和亲人。

蔡叔毕竟是周公同胞兄弟，周公就派蔡叔的儿子蔡仲到鲁国，担任了鲁国卿士。蔡叔病死于流放地。不久，因蔡仲对周朝并无二心，又把蔡仲分封到蔡国（今河南省驻马店市上蔡县），为蔡国侯，继任蔡国国君。自此，蔡国在此传十代，被楚国灭掉。

今河南省驻马店市上蔡县成为蔡氏寻根的地方。

上蔡县地处河南省东南部。据传因伏羲氏占卜所用的蓍草生于蔡地，并在蔡河画卦，故名"蔡"。这里曾是古蔡国所在地，"千古一相"李斯生于蔡，西汉丞相高陵侯翟方进、北宋理学家谢佐良，均为上蔡县人。著名的蔡国故城遗址在县城西最高处的芦岗顶端，河流环绕，地形险要，始建于西周初年，曾有18个诸侯在此称霸。宫殿区位居故城中央，尚存4个完整的城门，城墙顶部的望河楼是当年王妃赏花看景处。这里高台耸立，渠道环绕四周，是当年的防御设施。据史料记载，古蔡城5000年前就是氏族繁衍之地。姬姓建蔡国时，已有较好的城市发展基础，并很快成为汝河、淮河流域的强国。它纳入楚国版图后，仍为军事重镇。来此寻根的人，都到白鬼庙祭拜蔡姓先祖。

在上蔡县城之北15公里处的陈蔡铺村，有著名古迹"孔子晒书台遗址"，这是

插图 3-6-1.2 孔子绝粮图
此图选自清代焦秉贞的《孔子圣迹图谱》。焦秉贞，山东济宁人，善画人物、山水、花卉。《孔子圣迹图谱》描绘了孔子游说诸王的典故。《孔子圣迹图谱》构图精练，造型完美，生动传神，不但反映了孔子的伟大思想，而且能使世人知晓至圣先师的善德懿行、人文内涵，也表达了人们对孔子的崇仰之意。其画法参酌西法，注重明暗晕染和远近透视，使对象具有立体感和纵深感，楼台界画，刻画精工，别具面目，在工笔重彩画法中创立新格。焦秉贞传世的有《耕织图》《秋千闲戏图》等。

春秋战国时陈国和蔡国的要道。相传孔子从这里入蔡国游说时，途中遇大雨，书被淋湿。雨后，他在此村一高台上晒干书简。为纪念孔子，明代在此处修建了书台庙，庙内有石坊，上书"孔子晒书处"。庙东北有晒书亭。

相传，孔子及其弟子一行来到蔡国讲学，他召集弟子于蔡沟镇北边一棵白果树下。突然蔡国大将乌柱率兵包围了他们，用剑指着孔子说："限你们一天之内滚出蔡国，否则当如此树。"说罢挥剑砍断一棵柏树。但孔子据理争辩，并宣布绝食抗议。他们绝食七日，乌柱见状，毫无办法，只好带人马走了。后人为纪念孔子，在此建厄台孔庙。

2. 蔡姓英杰

蔡姓为中华民族做出了重大贡献，杰出人物辈出。

蔡泽，战国时秦国的宰相，被封为纲成君。善辩多智，游说诸侯，秦昭王拜为客卿，后代范雎为秦相，曾为秦王政出使于燕，使太子丹入质于秦。

蔡琰，字文姬，又字昭姬，东汉陈留圉县（今河南杞县）人，汉魏间著名女诗人，其父蔡邕是著名学者，博学多才，精通音律。汉献帝初平三年文姬于战乱中被匈奴所掳，为匈奴左贤王所得，生有二子。她在匈奴 12 年，建安八年被曹操赎回中原。蔡琰回来后，整理亡父书卷，并写出追怀悲愤的《悲愤诗》、如泣如诉的《胡笳十八拍》等佳作传世。

造纸术的发明人蔡伦，东汉时的文学家、书法家蔡邕，在历史上皆享有崇高声誉。

蔡襄，北宋时杰出书法家，工书善画。天圣八年（公元 1030 年）进士，先后在宋朝中央政府担任过馆阁校勘、知谏院、直史馆、知制诰、龙图阁直学士、枢密院直学士、翰林学士、三司使、端明殿学士等职，出任福建路转运使，知泉州、福州、开封和杭州府事。卒赠礼部侍郎，谥号忠。主持建造了我国现存年代最早的跨海梁式大石桥泉州洛阳桥。蔡襄为人忠厚、正直，讲究信义，且学识渊博，书艺高深，书法史上论及宋代书法，与苏轼、黄庭坚、米芾并称"宋四家"。蔡襄书法以其浑厚端庄，淳淡婉美。其正楷端重沉着，行书淳淡婉媚，草书参用飞白法，谓"散草""飞草"自成一体。

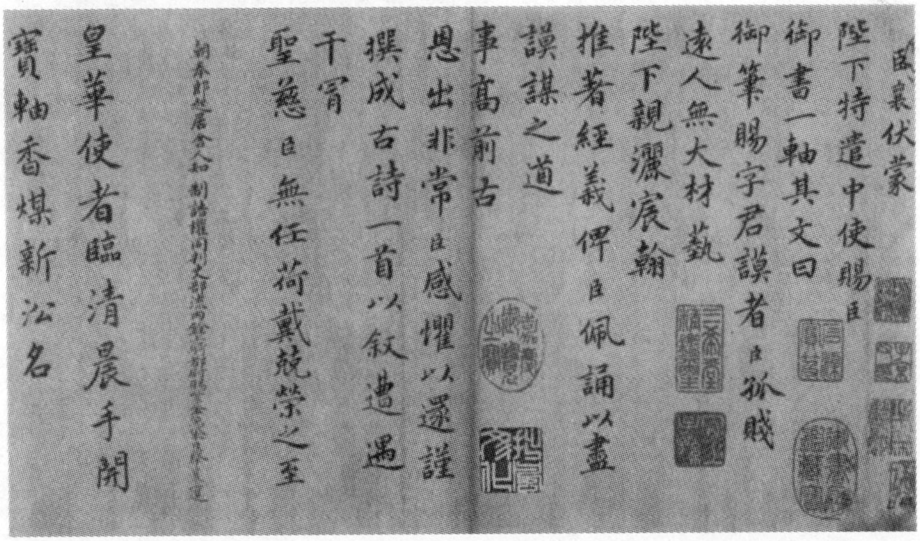

插图 3-6-2 蔡襄《谢赐御书诗》（局部）

宋仁宗帝曾御书"君谟"赐蔡襄，为报答皇恩，蔡襄恭作表文并七绝一首献上，此即"谢赐御书诗表卷"。墨迹颇具晋唐遗韵，法度严密，结字严谨，用笔稳健，笔笔精到，端正恭敬，是其楷书中最精到的作品。这幅作品当时已成名作，为内府所藏。

豫北姓氏烽烟

第四章

寻根

第四章

——

豫北姓氏烽烟

壹　奴隶宰相傅姓

贰　「弓」「长」张姓

叁　濮阳孟、柳二姓

肆　范武子立范姓

伍　顾国亡顾姓生

陆　卫国出石姓

柒　武王赐林姓

捌　邗国生于姓

玖　苏国留苏姓

拾　召邑出邵姓

奴隶宰相傅姓

1. 中兴明主

从商汤开国传至二十世盘庚，历来商王族内部为争夺王位，经常发生内乱，黄河下游又常闹水灾。历代商王解决天灾人祸的方法就是迁都。盘庚是个有作为的君主，执政期间，黄河又一次决口，把都城全淹了，他为了改变当时社会不安定的局面，决心再一次迁都。可是，大多数贵族贪图安逸，都不愿意搬迁。盘庚一面做耐心说服，一面极力挫败反对势力，终于带着平民和奴隶，渡过黄河，搬迁到殷（今河南安阳小屯村），衰落的商朝出现了复兴局面。

盘庚之后，殷朝又出现衰落的迹象。至小乙王时，商朝已经历了三百余年的兴衰。小乙王治国虽没有盘庚卓有成就，但他很重视培养接班人，这算是他的远见卓识。

小乙王的儿子叫武丁，武丁成人之后，为了使武丁得到磨炼，小乙王将他送到黄河边一带，隐瞒了王族身份。武丁在隐居之地，经常到黄河沿岸村里观察、了解民情。他看到了百姓生产和生活的状况，了解到当地农民和奴隶的疾苦，知道了他们的思想情况。武丁还常亲身参加农民的劳动，感受到农民稼穑的艰辛。他不忘天下形势，也常到都城附近观察王朝的局势发展。

插图 4-1-1.1 王相岩
王相岩坐落在河南省安阳林州市石板岩乡的太行大峡谷中，相传在三千三百多年前，商王武丁和奴隶出身的宰相傅说，都曾在这里居住过，为了纪念"商王"和"宰相"，他们居住过的崖洞称为"王相岩"。王相岩东临溪水，西依悬崖，左右峭壁环绕，形成了一个围谷，与岩嶂屏开的朱雀峰相迎，暗合中国古代风水学"左青龙、右白虎、前朱雀、后玄武"的理想模式，山峦起伏，奇峰异立，林深谷幽，涛声隐隐，成为历代名人雅士隐居的最佳选择。

武丁做得非常用心的一件大事，就是在访察中寻找和挖掘贤能之人。他特别留心隐于民间的那些道德高尚、学问渊博、善于分析形势和治理国家的贤才。一天，他来到傅岩（今山西平陆一带），遇到一个叫"甘盘"的人。此人知书达理，胸怀大志，谈起治国之理，头头是道，武丁拜他为师，虚心向他学习各类知识。几年的隐居生活，使武丁扩大了知识面，增长了才干。更重要的是知民意体民情，懂得了治理国家的重大意义。

武丁继位后，成为商王朝第23位商王。但他登上王位后，好像不作为，对什么事都不表态，他一沉默就是三年，三年中没说一句话。在不说话的日子里，他不上朝听政发令，不接待朝贡的诸侯，不外出访察民情。只待在家中，吃的是粗茶淡饭，穿的是粗衣简装。满朝文武大臣一头雾水，不知他葫芦里卖的什么药。还有许多大臣忧心如焚，不知国家会怎样发展下去。

90

商王朝规定，君王死后，儿子要守孝三年才能登上王位。在这三年里，不能上朝，要在守丧的房屋内守丧。守丧期间，披麻戴孝，面带忧容，思恩尽孝。武丁是忠于先祖之训，大行孝道了。但他行孝做得太过，在行孝期间，他竟装聋作哑。

其实，这是武丁王特殊的服孝方式，他是借行孝之名，心思国家大事。他的"默以思道"，迷惑了满朝文臣武将。他一面思索着治国之道，一面观察朝中官员的态度，国家形势的发展；用"不听"的方法，倾听大家的议论和看法。大臣们都猜不透他的心，不敢随意说话，也不敢随意做事。

这期间，武丁总在想一个人。那是他在虞地暗访时遇到的一位奴隶。那天，他在山岩下看到一群奴隶夯筑土墙，奴隶们五人或十人为一组，用绳子拴着，由管理者监督着劳作。这时，他敏感地注意到其中一个奴隶，他的一举一动，他的表情，都非同一般。他唤来那个奴隶。经询问了解，此人叫说（音悦），祖上原是平民，当过基层小吏，由于性格耿直，得罪了一位大官，把全家罚做奴隶。他因年小，做了官府的

插图 4-1-1.2 傅说雕像

傅说，商朝卓越的政治家、军事家、思想家及建筑科学家。传说为傅岩（古地名）筑墙的奴隶，商王武丁举以为相。傅说就任宰相后，竭尽文韬武略之才，辅佐安邦治国，三年功夫，朝政治理井然，商王朝空前发展，历史上称之为"武丁中兴"。傅说留下了千古不朽的《说命》三篇。据正史典籍和傅氏早期家谱等文献记载，傅说为傅氏家族始祖。傅说雕像立于王相岩太行大峡谷中。

奴隶。这位奴隶说话有条有理。武丁听他谈吐不凡，进一步让他讲讲兴国之道。此人心直口快，谈锋犀利，滔滔不绝。他谈了对任贤用能的看法，讲了奖罚分明的方式以及廉洁奉公的道理。武丁被他的话吸引了，牢牢地记住了这个叫说的奴隶。

武丁三年守丧期终于结束了。第一天上朝没说国家大事，没听满朝大臣的意见，他说出的第一句话，讲的第一件事，是他做了一个梦。他说，夜里做了一梦，梦见上天赐给他一个贤人。此人身穿奴隶衣服，年轻英俊，面目清秀，谈吐不俗，举止文雅。他叫"说"。这样的人，应该出来辅佐朝政，大家要帮助寻找这个人。

原来这是武丁为不分贵贱而选人聘贤所用的一计。按当时的规定，奴隶是不能

为官的，若使用奴隶，会招来朝臣不满。武丁用这种神奇的方式昭告天下，请画工画像，并到处张贴。大家在百官中找来找去，没有这个人，就派人四处寻访。一天，有人在傅岩看到一个人，很像武丁所说的梦中人的模样，但那是个正在做苦役的奴隶。武丁听过汇报，马上令人带入宫中。武丁一看，正是说，心中暗喜。他告诉大家，这正是上天所赐贤人。武丁立刻赦免了他的奴隶身份，并任命他为丞相，要求他"朝夕规劝"，跟随左右。

说做了宰相，为商的兴盛起了重大作用。武丁被誉为"中兴明主"。武丁认为说治国安邦功劳很大，特赐姓嘉奖。因说从傅岩招来，就赐姓为"傅"，叫他傅说。中国历史上的第一个奴隶出身的宰相，成了天下傅姓第一人，后人尊他为傅姓始祖。

2. 傅氏寻根及傅氏杰出人物

傅姓为商王武丁所赐之姓，诞生于殷（今河南省安阳市），安阳成为天下傅姓的寻根之地。

安阳，是一座具有三千多年历史的文化名城，是有文字可考的中国第一古都，也是中华民族文字的发祥地，为中国八大古都之一。

安阳，西靠太行，东临平原，境内河流纵横，道路如织，历来为南北交通要道，为历代统治者所倚重。公元前14世纪，商王盘庚将都城迁至此，被称为"北蒙"，建立了有稳定疆域和长期定居的都城，开创了殷商基业，发展成为全国的政治、经济、文化中心，商在此传8代12王，历255年之久。

安阳，3000年前以都市、文字、青铜器为标志，缔造了世界文明古国中最著名的古典城邦之一——殷都灿烂的文明。殷墟，为世人见证了商文化的精髓，它的每一片甲骨都是一段历史的解码，每一尊青铜器都是一个真实的传说，记载着殷商古城说不尽的前尘往事。历代劳动人民在这里创造了光辉的业绩，留下了丰富灿烂的文化遗产，它是民族的，也是世界的。

另外，著名的大禹治水、文王演易、妇好请缨、苏秦拜相、西门豹治邺、岳母刺字等历史故事都发生在这里，并留下丰富而绚丽的遗存。

傅姓形成于商朝都城殷，早期主要是在北方发展繁衍。到了唐朝末年，由于中原人南迁避乱，北方的傅氏也随之进入江南各地，后来延伸到今天的四川、广东、广西、福建一带，此后繁衍昌盛。到了明代，傅氏已遍布江南各省。清代闽粤有傅氏移居台湾，进而又有徙居海外者。

傅姓在中国历史上表现不凡，出现了许多杰出人物。

傅宽，西汉开国功臣，阳陵侯。秦末农民战争中，以魏五大夫骑将投归刘邦，任右骑将。后从击项羽，随韩信攻占齐地。汉朝建立，汉高祖定元功18人，傅宽列第9位。任齐相，参加平定陈豨叛乱，旋徙为代相，惠帝五年死，谥景侯。司马迁在《史记》中评价他说，跟随高祖从山东起兵，攻打项羽，斩杀名将，击败敌军几十次，降伏城邑数十座，而不曾遭到挫折和困厄。

傅毅，东汉辞赋家。年轻时学问即很渊博，汉明帝永平年间，读书时写了一首《迪志诗》，勉励自己立志勤学，不可放纵懈怠。后有感于明帝求贤欠诚意，作《七激》以讽刺。汉章帝建初中，他又写十篇《显宗颂》而赞扬汉明帝的功德，因此名声大噪。车骑将军马防擅权时傅毅为军司马，待以师友之，后马防奢侈败家，傅毅被免官归乡。和帝永元年间，车骑将军窦宪再请傅毅为主记室、司马等职。他的著作有诗、赋、诔、颂、祝文、七激、连珠等二十八篇。其中连珠，是他和班固、贾逵受章帝诏写的。因为假托事物，达到讽喻的目的，贯串情理，如同穿珠，所以叫连珠。

傅玄，西晋时期文学家、思想家。今陕西铜川耀州人，幼年时随父亲逃难河南。专心诵学，性格刚劲亮直。举孝廉，太尉辟，都不至。州里举其为秀才，除任郎中。历任参安东、卫将军军事、温县令、弘农太守、典农校尉等职。曾数次上书，陈说治国之策。西晋建立，晋爵鹑觚子，加驸马都尉，拜侍中，因事被免官。又任御史中丞，提出了有名的"五条政见"。后升任为太仆、司隶校尉，因当众责骂谒者及尚书被劾免。傅玄博学能文，虽显贵，而著述不废，曾参加撰写《魏书》；又著《傅子》数十万言，书撰评论诸家学说及历史故事。傅玄作诗以乐府诗体见长。今存诗 60 余首，多为乐府诗。

插图 4-1-2 安阳中国文字博物馆

该博物馆以中国文字发生、发展为主线，以历代出土的文字载体、文物为支撑，以文字书法艺术来融贯。陈列语言融历史性、艺术性、科普性、趣味性为一体，以诗化的艺术手法，形象地解释文字发生、发展、传播的科学原理和背后的故事，展现中国文字的生命力、凝聚力和影响力。馆内陈列了汉字的起源、发展和演变；中国少数民族文字；印刷术和信息时代三个部分，充分展示了中华民族一脉相承的文字、灿烂的文化和辉煌的文明。

（二）

"弓""长"张姓

1. 张挥发明弓箭

濮阳市位于河南省的东北部，与冀、鲁交界。濮阳历史悠久，是中华民族发祥地之一。5000 年前，这里是颛顼及其部族活动的中心，素有"颛顼遗都""帝丘"之称。

远古五帝之一的颛顼时代，在帝丘（今河南濮阳）一带，活动着一个部落，首领叫挥。挥是黄帝的孙子，出身尊贵，但他勤劳、勇猛，勤于思考，观察事物细致，时有小的创造发明，常为百姓排忧解难而受到世人称赞。

有一次，邻近的共工部落在首领的带领下，乘夜黑风高之时，偷袭挥部落，要掠夺挥部落的财物。挥部落受到突然袭击，挥慌忙率族人奋力迎敌，双方展开了激战。由于挥部落没有防备，虽然打退了共工部落，但参加战斗的部族人员伤亡惨重。挥看到战斗后的惨状，十分痛心，心中埋下了对敌人的仇恨。同时，挥认真反思，感到在与共工交手的战斗中，自己人使用的进攻武器不力。要在战斗中有力地打击对方，光靠石块和棍棒是不够的。

自此，挥就琢磨起来，要寻找一种新的武器。

在一个繁星满天的夜晚，他又像往常一样，望着天空的闪烁的星星，观察着，思考着，似乎要从天空的繁星中寻找问题的答案。这时天上有一组奇怪的星星吸引住了他。这组星星叫"弧矢星"，共有九颗。

挥更仔细地观察起来，弧矢星的位置、形状引发着他的无限联想。弧矢星在天狼星的东南边，共有九颗，其中八颗星排开，有一定的弧度，成一弧形；而另外一颗星，则居于弧形的中部。挥隐隐感到居中间的那颗星聚集了其他八颗星的所有力量，起着很重要的作用，它是其他八颗星的中心和支点。

聪明机灵的挥马上想到，这九颗星的摆列形状含着一定的力量，可作为一种武器，特别是进攻性的武器。他经过长时间琢磨后，便动手来做。他先找了一支有一定长度的柳枝，放在火上烤，树枝渐渐弯曲，弯到一定的弧度，和弧矢星那八颗星的形状相似；然后把兽皮割成一根绳子，拴在弧形树枝的两端，拉紧；再找一条长形石块，磨成箭头。

挥的新式武器制造成了，他开始试用，把石箭搭在弧形树枝上，尾端顶住绳子，用力拉开，然后猛然松开手，箭头"嗖"的一声飞了出去，射得很远。挥兴奋得不相信自己的力量，高兴地拿着这张石箭跑到族人中，向大家介绍他的发明，说明制作和使用的方法

颛顼帝得知后，立即赶到挥部族的住地。颛顼让挥拿起这武器去射飞鸟。挥搭箭拉绳，"嗖"的一声箭飞了出去，鸟儿落地。大家一致欢呼。后来人们给它起名叫"弓"。于是，这样的弓箭成了族人打猎的新工具。后来，这弓箭又作为杀伤敌人的武器被用于战斗之中。在一次打击共工入侵的战场上，它的攻击力发挥了神奇的作用。

中国古代科学对世界的贡献除"四大发明"外，在此之前，还有一项伟大的弓箭发明。在中国弓箭发明人记载中，挥是最早的。张挥，号天禄，青阳氏之子，

插图4-2-1 颛顼赐张姓图
这幅线描图案是挥公雕像基座上的线描图案之一。挥公雕像位于挥公墓南100多米处，像基座高5.15米。挥，因功受奖，颛顼帝把"弓"和"长"组合一起，特意刻在象牙上，赐给挥。张姓诞生，张挥成了张姓始祖。

5000 年前，他领导发明的"硬弓竹箭"，是一项扭转乾坤里程碑式的发明。弓箭自发明作为工具使用长达 5000 年，一直到工业革命后火枪的普遍使用。自此先祖的狩猎生活逐渐过渡到畜牧业。因贡献大，颛顼帝封挥为"弓正"，执掌弓矢制造。

为了表彰挥的发明创造，颛顼帝特意在象牙上，把"弓"和"长"刻在一起，成为一个新字"张"。颛顼就把这"张"字赐给挥作姓氏。张挥成了张姓的始祖，是一位中华民族永远纪念的造物祖先。

2. 张姓名家

张姓诞生虽早，但发展较慢；虽在各地繁衍生息，但夏商时期较为沉寂。到战国时代，张姓杰出人物渐渐出现。到了汉代，张姓已发展成为大姓，有成就的人物也多起来。

张良，西汉重臣。字子房，传为西汉初城父（今安徽亳县）人。祖先为韩国贵族。曾谋刺秦始皇未遂，后隐姓埋名，亡匿下邳（今江苏邳州市），遇黄石公，得《太公兵法》。公元前 208 年，聚众归刘邦，为其重要谋士。楚汉战争中，提出不立六国后代，联合英布、彭越，重用韩信等策略，又主张追击项羽，歼灭楚军，皆为刘邦所采纳。又与韩信整理编次了春秋战国以来各家军事著作。汉朝建立，封留侯。见刘邦皆封故旧、亲近，而诛私怨引起群臣不满，遂建议封刘邦故最怨者雍齿，使群臣释疑。刘邦曾夸赞其"运筹帷幄之中，决胜千里之外"。今河南兰考县有张良墓。

张释之，字季，南阳堵城（今河南方城）人。西汉法律家、法官。文帝时以赀选为骑郎。累迁谒者仆射、公车令、中郎将。文帝三年升任为廷尉，成为协助皇帝处理司法事务的最高判官。他敢于直言极谏，多次劝谏文帝以亡秦为鉴，改善政治。他处理狱案，严格依法办事。时人称赞"张释之为廷尉，天下无冤民"。

张骞，西汉外交家。奉汉武帝之命曾两次出使西域大月氏，为中国与中亚的交流做出了重要贡献。

张衡，南阳西鄂（今南阳市宛城区）人，东汉科学家、文学家。他精通天文历算，创造了世界上最早的利用水力转动的浑天仪和测定地震的地动仪。他的文学作品有《二京赋》等。

张仲景，南阳郡人，东汉医学家。他总结了汉以前的医疗经验，写出了《伤寒杂病论》一书，对中国医学发展做出了重大贡献。

张角，东汉末黄巾起义领袖。巨鹿（今河北平乡西南）人。创太平道，自称"大贤良师"。灵帝时，借治病传教，秘密发展组织。10 余年间，徒众达数十万人。遍及青、徐、幽、冀、荆、扬、兖、豫八州。中平元年（公元 184 年）起义，称"天公将军"。因头缠黄巾为标志，被称为"黄巾军"。与弟张梁会集幽、冀两州黄巾军，在广宗（今河北威县东北）击败北中郎将卢植，后又败东中郎将董卓。不久病死。

张择端，自幼好学，早年游学汴京（今河南开封），后习绘画。宋徽宗时期供职翰林图画院，专工界画宫室，尤擅绘舟车、市肆、桥梁、街道、城郭。后"以失位家居，卖画为生，写有《西湖争标图》《清明上河图》"。他是北宋末年杰出的现实画家，其作品大都失传，存世《清明上河图》《金明池争标图》，为我国古代的艺术珍品。

张居正，明朝名臣，明朝中后期政治家、改革家，万历初期的内阁首辅，辅佐万历皇帝进行了"万历新政"，使原已垂危的大明王朝生命得以延续，具有重大的历史功绩。

张之洞，字孝达，号香涛、香岩，又号壹公、无竞居士，晚年自号抱冰。汉族，清代直隶南皮（今河北南皮）人，洋务派领袖。其提出的"中学为主，西学为用"，是对洋务派和早期改良派基本纲领的一个总结和概括；毛泽东对其在推动中国民族工业发展方面所做的贡献评价甚高，曾说过"提起中国民族工业，重工业不能忘记张之洞"。张之洞与曾国藩、李鸿章、左宗棠并称晚清"四大名臣"。

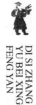
3. 张姓寻根

张氏祖先张挥因发明弓箭，在今河南省濮阳得姓，海内外华人张姓的寻根地是濮阳。

濮阳，位于河南省东北部，旧称澶州，黄河下游北岸，冀、鲁、豫三省交界处，为国家历史文化名城。上古时代，五帝之一的颛顼及其部族就在此活动，故有"颛顼遗都"之称。秦汉以来，这里一直是黄河中下游市商繁荣，农事发达的地方，也是南北要津，中原屏障，为兵家必争之地。漫长的历史岁月，在这片土地上留下了众多传说和金戈铁马的风云画卷，如仓颉造字、晋文公退避三舍、柳下惠坐怀不乱等历史佳话，春秋时期诸侯 14 次会盟、晋楚"城濮之战"、齐魏"马陵之战"、宋辽"澶渊之盟"等历史遗迹。许多历史名人如兵家之祖吴起、一代名相商鞅、天文大师僧一行、治黄名师高超等均诞生在这里。1987 年在濮阳西水泊出土了距今 6400 年的珍贵文物蚌塑龙形图案，在国内外考古界引起轰动，被称为"中华第一龙"，有"华夏龙都"之称誉。

濮阳具有悠久的历史和灿烂的古代文明，是中华民族发祥地之一，这里有众多的名胜古迹：

戚城遗址：戚城又称"孔悝城"，相传是春秋时卫国的国君卫灵公外孙孔悝的封地，也是当时各诸侯国会盟的胜地。公元前 626 年至公元前 531 年，近一个世纪

插图 4-2-3.1 挥公墓

挥公墓坐落于河南省濮阳县市张挥公园内。挥公墓为圆形，直径 20 米，基座高 2.6 米，土球高 5 米，墓基采用料石砌筑。挥公碑在挥公墓南 20 米处，碑身高 3 米，宽 0.76 米，厚 0.5 米，碑阳刻"中华张姓始祖挥公墓"，碑阴刻挥公的生平与功德。挥公碑南 90 米处是挥公雕像，像基座高 5.15 米。

中，各诸侯国在卫国有 15 次会盟，其中有 7 次会盟于此。这里有先贤名人的风采伟绩，颛顼、帝喾、尧、孔子、子路、吕不韦等都是历史上风云一时的大人物；这里有历史上重大事件的遗迹，春秋各路诸侯会盟、卫国风云、城濮之战、铁丘之战等，都是影响历史进程、改变历史面貌的大事。

子路墓祠： 子路，也叫季路，是孔子的著名弟子。他擅长政事，曾任卫国蒲大夫，治蒲邑有方，孔子三赞其善。卫灵公赠戚城为外孙孔悝的食邑，子路被孔悝拜为邑宰。孔子居 10 年，子路常随左右。后来卫国发生宫廷政变，子路为保卫孔悝遇害，死后葬于戚城东，即今子路墓祠。墓祠前"正大高明"的牌楼和山门，有高 3 米的子路塑像，墙壁四周镶有 10 幅子路生平事迹壁画。东厢房有孔子在卫 10 年的活动壁画。

澶州遗址： 北宋景德元年（公元 1004 年），辽军契丹南侵，兵临澶州，京都受到威胁，朝官大多南逃。此时，宰相寇准力排众议，劝真宗率兵抗敌。宋军抵澶州，与辽军展开激战。真宗登北城门督战，士气大振，辽将中箭身亡，被迫求和。宋辽双方签订和约，因澶州又名澶渊，故史称"澶渊之盟"。这是中华民族抵御外敌入侵的著名战例。曾经是宋辽交战的战场澶州，在濮阳市区内。澶州北门也叫镇守门，门楼雄伟壮观。城内御井街有回銮碑，相传是寇准所书，字大如掌，苍劲挺拔，现仅存上部 29 个字。碑前有一古井，称御井，传说是当年宋真宗亲征时所用。

插图 4-2-3.2 东丹王出行图（辽代李赞华绘）

辽代的统治者很重视绘画，辽代的绘画艺术成绩显著。李赞华的《东丹王出行图》最著名。李赞华，本名耶律培，辽的贵族画家，辽太祖耶律阿保机长子。阿保机死后，次子耶律德光继位，耶律培受到监视，恐遇不测，投奔后唐。后唐明宗赐姓李，更名赞华。自此长期居中原，其画风对后人影响很大。《东丹王出行图》画中绘有六人骑马，各具姿态，身份不同，衣冠、服饰、佩带各异。骏马矫健丰肥，左顾右盼，慢跑前行。东丹王手把缰绳，面带忧郁，若有所思，其情绪正与画家的处境吻合。线条细腻，赋色华丽，尽显宫廷绘画之特色。构图布势前后照应，疏密相宜，整个画面人物和马的动态表现出行进的韵律，应是李赞华绘画之精品。

濮阳孟、柳二姓

1. 两支孟姓

孟姓出自姬姓。春秋初期的卫国是姬姓诸侯国。卫国初都于沫（今河南省鹤壁市淇县），后都于曹（今河南省安阳市滑县东），后又迁都于丘（今滑县东北）。至第 28 代和第 29 代君主卫襄公和卫灵公时，均定都于丘（今河南省濮阳市）。卫襄公的大儿子叫絷，字公孟，被称为公孟絷。公孟絷亦是卫灵公的庶兄。公孟絷的后代子孙就以他字中的"孟"为姓。所以，濮阳市是孟姓主要的发源地之一。

另一支孟姓发源于春秋的鲁国公族。鲁国的开国君主是周公旦的长子伯禽，周公旦是周武王之弟，那么孟氏应该是周文王的姬姓子孙。孟姓的得姓始祖是鲁桓公的庶子庆父。庆父是个品行极坏的人，与其嫂、鲁庄公夫人哀姜私通；因哀姜没有子嗣，他与哀姜密谋，欲立哀姜妹妹叔姜所生之子子开为鲁君继承人。庄公死后，其小弟季友按照庄公的意愿立庄公之子开，就是缗公。后来，庆父又派人杀死缗公，欲自立。因此，鲁国人非常恨他，都说："庆父不死，鲁难未已。"庆父非常害怕，逃到莒国。季友用贿赂求莒送归庆父，庆父在归国途中自杀。这时任鲁相的季友让庆父的儿子公孙敖继承庆父的禄位。因庆父在庶子中排行老大，而"孟"字在兄弟排行次序里代表最大的；又为避讳弑君之罪，所以庆父的子孙改称孟孙氏。后来，孟孙氏又简化为孟氏。庆父欺君，其子孙改姓，都发生在鲁国，鲁国建都于曲阜（今属山东），所以这支孟姓出自山东。

这两支孟氏分别起源于山东和河南，河南卫国孟氏的始祖是康叔，鲁国孟氏的始祖是周公，而周公与康叔是周文王之子，所以，天下的孟姓人士统统是一家。

孟姓自春秋时代诞生后，族人历经风雨，世世代代繁衍，生生不息，逐渐形成望族，成了中华民族大家庭中重要的一员，历史上出现了许多杰出的人物。

孟子是孟姓最著名的人物。孟子名轲，字子舆，邹县（今山东邹县东南）人，是战国时期的思想家、政治家和教育家，有"亚圣"的称号。他的学说对后来宋儒有很大影响。

战国时还有墨家巨子孟胜，东汉是有对丈夫"举案齐眉"的孟光，三国时的吴国有事母至孝、"哭竹生笋"的孟宗，蜀汉有彝族首领孟获，唐代有著名诗人孟浩然、孟云卿、孟郊，他们的诗歌脍炙人口。唐末有英勇善战的黄巢起义军将领孟楷，还有水利学家孟简，南宋有名将孟珙，元末有襄阳红巾军将领孟海马，明末清初有戏曲作家孟称舜。

2. 柳下惠柳姓

公元前 1046 年，周武王姬发杀纣灭商后，分封诸侯时，把他的弟弟姬旦封到少昊之虚曲阜，是为鲁公。"鲁公"之"公"并非爵位，而是诸侯在封国内的通称。鲁公即鲁侯。

这时，武庚和东夷叛乱，周公和召公、太公望东征平叛。三年后，东征取得胜利，周武王行赏，封召公奭于燕（今河北北部到辽河一带），封太公望于齐（今山东潍水到山东半岛），封周公于鲁（山东的东南部）。这是位于周朝东方诸侯中最重要的三个国家。周公、召公和太公都未亲自到封地就国。东征胜利后，他们三人都回到了周，而由他们的儿子分别去统治鲁、燕和齐。

周公旦派他的嫡长子伯禽前往鲁地就封，建立鲁国，即位为鲁公。鲁公伯禽为鲁国的开国之君，他的五代孙名姬称，是鲁国第 12 位国君鲁孝公。鲁孝公最小的儿子叫子展，或称公子展、夷伯展。子展之孙曰无骇，无骇为鲁国司徒。公元前 715 年，无骇去世。无骇的儿子叫展禽。展禽在鲁国第 18 任君主鲁僖公时为上大夫，官居鲁国士师，掌管法典刑狱。

展禽以德处世，以信修身，是守信的典范。他在鲁国为官时，一次，强横的齐国要鲁国的传世之宝岑鼎，国君舍不得，便以假充真。齐人说："我们不相信你们，只相信展禽。如果展禽说这鼎是真的，我们才放心。"庄公只好派人求展禽。展禽说："信誉是我一生唯一的珍宝，毁我珍宝保你珍宝的事我不干！"庄公无奈，只得拿出真鼎。有一次，齐国举兵入侵鲁国，形势非常危急，展禽马上派出能言善辩之士乙喜，以犒劳齐师的名义，冒险到齐军营中，陈辞说服了齐军，齐国最终退兵罢战。鲁国兵不血刃而使齐军退去，鲁国人免遭了一场战祸。

《国语·鲁语上》记载展禽的一件事：有一种叫爱居的海鸟飞落到鲁国东城门上，大夫臧文仲认为是神鸟，立即命令全国进行祭祀。展禽得到消息，就挺身而出，义正词严地提出批评，力阻这一举动。他认为这种做法违背祖先制定的祭祀礼节原则，祭祀的标准应该是"功烈于民"，像黄帝、颛顼、帝喾以及尧、舜、禹、汤、文、武等人，为人民做出了巨大贡献，后人为报答他们的功德才举行大祭。爱居只是一只偶尔飞来

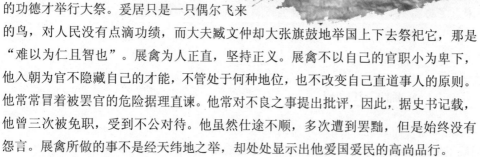

的鸟，对人民没有点滴功绩，而大夫臧文仲却大张旗鼓地举国上下去祭祀它，那是"难以为仁且智也"。展禽为人正直，坚持正义。展禽不以自己的官职小为卑下，他入朝为官不隐藏自己的才能，不管处于何种地位，也不改变自己直道事人的原则。他常常冒着被罢官的危险据理直谏。他常对不良之事提出批评，因此，据史书记载，他曾三次被免职，受到不公对待。他虽然仕途不顺，多次遭到罢黜，但是始终没有怨言。展禽所做的事不是经天纬地之举，却处处显示出他爱国爱民的高尚品行。

展禽积极倡导的"和"文化，"和为贵""和而不同""和谐相处"等思想，对后世产生过深远的影响。他是世人所公认的中国和谐文化的奠基人。

展禽被封于柳下（今河南省濮阳县城东柳下屯镇），世人称他为柳下季，死后谥号为"惠"，史称柳下惠。

孔子称誉他为"言中伦、行中虑"（《论语·微子》）的春秋名贤。孟子称柳下惠是可为"百世之师"的"圣人"，把他与伯夷、伊尹、孔子并称为四大圣人，说他是"圣之和者也。"（《孟子·万章下》）。所以，后世称他为"和圣"。

柳下惠的后代子孙便以柳为姓氏。濮阳市是柳姓的主要发源地。

98

插图 4-3-2 柳下惠坐怀不乱塑像

元代教育家、文学家胡炳文在《纯正蒙求》中记载了柳下惠"坐怀不乱"的故事：鲁柳下惠，姓展名禽，远行夜宿都门外。时大寒，忽有女子来投宿，惠恐其冻死，乃让其坐之于怀，以衣覆之，让其至晓不为乱。柳下惠历代被奉为正人君子之楷模。

3. 柳氏英才

盗跖，原名展雄，又名柳下跖、柳展雄，为鲁孝公的儿子公子展的后裔。春秋末年农民起义领袖。据史书记载，柳下跖领导的奴隶起义声势浩大，短短的时间发展近万人，史称"柳下跖起义"。他追求"耕而食，织而衣，无有相害之心"的平等社会。孔子劝他效法"圣人之行"，罢兵休卒。柳下跖斥责说："丘之所言，皆吾之所弃也！"他率领起义军转战黄河流域，惩恶扬善，杀贵族，救奴隶，攻城池，没收奴隶主的财物，所到之处，"大国守城，小国入保"，各诸侯国望风披靡。活动范围由泰山以南的鲁国，到达了晋国、齐国的局部地区，沉重打击了奴隶主的统治，推动了我国历史从奴隶制向封建制的转变。后来在奴隶主统治阶级的镇压下，起义失败了，柳下跖在作战中牺牲。柳下跖的起义规模之大，时间之长，范围之广，影响之深，堪称空前。

柳宗元，唐代文学家。曾与刘禹锡等参加王叔文集团，力主革新，官至礼部员外郎，革新失败被贬为永州司马，后迁柳州刺史。他提倡古文运动，散文峭拔矫健，说理透彻；山水诗作清峭峻洁；哲学上亦有成就。柳宗元是"唐宋八大家"之一。

柳公权，唐代著名书法家，尤以正楷为最。他的书法骨力遒健，结构劲紧，自成风格，称为"柳体"，对后世影响很大。他与书法家颜真卿并称"颜柳"。

柳永，又名柳三变、柳七，是北宋第一位专力写词的作家。他的词作多以歌妓忧苦和城市风光为主题，特别长于抒写羁旅行役之情，表现封建文人失意的情怀；词的语言通俗化、口语化，音律谐婉，便于歌唱。

四

范武子立范姓

1. 受封得姓

上古时代，五帝之一的尧，名放勋，为祁姓，是五帝之首的黄帝玄孙。尧作为中原各部落联盟的首领达 98 年之久。

尧有一裔孙叫刘累，相传是位驯养龙的能手，在夏朝被封为"御龙氏"。刘累的后裔在商朝末年建立了唐国。唐国至西周时灭亡。周成王把唐国封给自己的弟弟叔虞作食邑，原唐国贵族王室被迁移到周朝京师附近的杜地（今陕西西安之南），

建立了杜国。周宣王执政时代，杜国国君杜伯与周朝的王室成员产生了矛盾。周宣王的一个妃子诬陷杜伯，杜伯遭了杀身之祸。

杜家遭难之后，杜伯的儿子带领家小逃亡，最后落脚于晋国。晋国收留了他们，并任他为"士师"，为法官。他毕竟是逃亡之人，为了避免麻烦，他就以官职为姓，改"杜"姓为"士"姓。自此，士家在晋国发展繁衍，世代为官。

士的曾孙叫士会，在晋国曾任上卿，时为晋文公执政，深得晋文公的重用，在晋国争霸中原的战争中，立下汗马之功。至晋襄公时，士会仍被重用，为辅佐晋襄王争霸，多有战功。晋襄王把范地（今河南省濮阳市范县）封给他作为食邑，任上卿。

在晋国的周边，有一个善于骑射的少数民族部落叫狄。这个不安分的部落，经常在晋国边境抢掠杀人，扰得晋国人心不安。晋襄公多次派兵驱杀，但效果不好。狄部落居无定所，行踪不定，骑射如闪电，掠杀之后，去无踪迹。晋襄公和满朝文武非常着急，束手无策。在这危难时刻，士会挺身而出，愿带兵出征，剿灭异族，平定动乱。晋襄公非常高兴，全力支持他。

士会带精兵到前线，精心谋划，以智击敌。他把精兵埋伏于狄族人经常出没之处，待敌路经埋伏圈时，士会带兵突然出击，敌人猝不及防，被团团围住。士会一声令下，乱箭齐发，随后将士们向前拼杀，大获全胜。边境从此安定下来。晋襄公嘉奖士会，升他任太傅，因其封邑在范地，故送给他一个称号叫"范武子"。

范武子在食邑范地德高望重，爱护百姓、勤劳理政，深受邑地人民的尊敬，大家提议以他的称号为姓，这样既可表达对他的敬意，又可不忘食邑。士会高兴地接受了，将士会改为范会。范会，成为范姓第一人，范氏把他认作范姓祖先。

插图 4-4-1 范武子雕像

范武子（约公元前660年—前583年），春秋时期晋国大夫，名会，字季，士氏，以大宗本家氏号，又为"士会"。公元前593年因军功，被授中军元帅，兼任太傅，封于范地（今河南省濮阳市范县），为范姓立姓始祖。2006年，范武子之墓在河南范县高码头乡老范庄被发掘。

2. 范氏后人

范县地处河南省的东北部，黄河中下游北岸，西望太行，东瞻岱岳。范县历史悠久，为五帝之一的颛顼帝故墟。夏朝时属昆吾国，春秋时期，为晋国的食邑。至汉代初年，在此置县，以南临范水而得名，迄今已有2200余年历史。范县附近的马陵古道，为战国齐魏交战处，庞涓自杀于此。"扬州八怪"之一的郑板桥曾在此任县令五载。境内现存有丹朱文化遗址、苏佑墓等文化古迹。

范县自古为兵家必争之地，古代晋楚"城濮之战"、齐魏"孙庞斗智"、五代"刘

桥之战"等著名战事，均发生在这里。濮阳市范县即是天下范姓子孙的寻根之地。

范姓定姓已有2600多年的历史。根植于中原的范姓，世代发展变迁，涌现出许多杰出人物，光耀史册。

范蠡，春秋末年的政治家、经济学家。他曾任越国大夫。吴灭越后，他到吴做了两年人质。越复国后，他游齐国经商致富。

范雎，秦国宰相。他主张远交近攻，成为秦国的基本国策，在外交上起了很大作用。

范缜，南乡舞阴（今河南泌阳）人，南朝齐梁时唯物主义哲学家和无神论者，著有《灭神论》等。

范仲淹，宋代著名政治家、军事家、文学家。他曾授命主持"庆历新政"。

插图 4-4-2 范县县令郑板桥塑像

郑板桥名燮，号板桥。江苏扬州兴化人，少小聪颖灵悟，家境贫寒，内行醇谨，但落拓不勒，行为狂放。曾任偏僻小县山东范县（今河南省濮阳市范县）知县，年届半百，仍怀"立功天地，字养生民"之志。范县主政五年，为官清正，秉公办事，除恶邪，革旧弊，暗查明断，同情贫苦，深受范县人民爱戴，至今仍有"郑板桥是清官，不图银子不图钱"的民谣流传，留下了很多民间传说和故事。郑板桥才气过人，精于诗、书、画，且能独树一帜，自成一家。

五

顾国亡顾姓生

1. 顾伯抗夏

舜帝时的治水大臣禹，因治理水患有功，舜帝赐姓姒氏。舜帝死后，禹被拥立继承了王位，建立了我国历史上第一个奴隶制国家夏朝。

夏朝有一位大夫叫孙宙，是少昊的曾孙。少昊是黄帝时代东夷部落的首领，活动于今山东省曲阜一带。禹把孙宙封到顾地（今河南省安阳市范县），孙宙在此建立了顾国。

夏朝传至桀做夏王时，夏桀迷恋女色，荒淫无道，花天酒地，不理朝政，残酷地搜刮百姓，并且不断发动战争，四方征讨，人民苦不堪言。他加紧向各诸侯国索要进贡物品，稍不顺从，就出兵灭之。诸侯们或遭到杀害，或被逼流亡。

顾国在夏桀执政时期，君主是顾伯。顾伯为人诚善，勤政爱民。他带领顾国百姓发展生产，其中制陶手工艺尤为先进，促进了顾国经济的发展，使顾国成为夏朝较为富强的小诸侯国。夏桀的无道和荒淫，引起了国君顾伯的极大不满，却不得不忍气吞声向朝里进贡。

顾国之西的邻国是昆吾国，也是一个很小的诸侯国，同样年年向夏桀朝贡。昆吾国是个穷国，连年的进贡，国内的财物被搜刮殆尽，民不聊生，但夏桀索要贡品的标准丝毫不降低。

这一年，西部的戎国违抗夏桀的意旨，夏桀决意要灭掉而后快，即准备出兵攻打戎国。为扩大军备，下令昆吾国出兵相助。但昆吾国国君极不情愿，夏桀大怒，就派兵攻昆吾，意欲先灭之。夏军便向昆吾进军，兵压国境。昆吾国急向友邦顾国求援，想两国联合共同抗夏。顾国国君顾伯不但答应了昆吾国的请求，还主动动员相邻的受夏桀之害的诸侯国参战，得到了大家的响应，组成了多国联军。

夏桀的军队与诸侯国联军一交手，即处劣势，死伤惨重。此时，正准备灭夏的商汤，为了实施先灭夏的外围诸侯国再灭夏的战略，乘机攻打顾国、昆吾国等参战的诸侯国。这时顾国国君顾伯在抗击夏国的前线作战，顾国国内空虚，商汤大军轻而易举地攻占了顾国都城。顾伯得到消息，急忙率领军队返回，但为时已晚。顾伯看到商军的强大，不敢交战，带着家人与将士准备逃往他方。临走，顾伯动员国人，不管走向何方，居住何地，都不要忘了顾国先祖，为此顾国人都以国为姓。顾国，终于在商汤伐夏的洪流中灭亡了，然而顾姓却在战火中诞生了。

2. 顾氏后人

河南省濮阳市范县是顾姓人的寻根地。

顾姓历经3600多年，繁衍发展，不断壮大，人丁兴旺，杰出人物辈出，为中华民族的进步和发展，做出了贡献。

插图4-5-2《女史箴图》局部（东晋顾恺之绘）

《女史箴图》为旷世名作。"女史"是女官名，后成为对知识妇女的尊称；"箴"是规劝、劝诫的意思。西晋惠帝司马衷是个弱智帝王，国家大权为其皇后贾氏独揽，贾氏善妒忌，多权诈，荒淫放恣。朝中大臣张华便收集了历史上各代先贤圣女的事迹写成了九段《女史箴》，以为劝诫和警示，被当时奉为"苦口陈箴、庄言警世"的名篇，流传于世。后来顾恺之就根据文章的内容分段为画，每段有箴文（除第一段外），各段画面形象地揭示了箴文的含义，故称《女史箴图》。顾恺之，东晋画家。博学多能，工诗善书，精于丹青，有"才绝、画绝、痴绝"之称。擅作佛像、人物、山水、走兽、禽鸟。笔法如春蚕吐丝，初见甚平易，细看则六法兼备；设色以浓彩微加点缀，不晕饰，运思精微，襟灵莫测，神气飘然。

顾恺之，东晋名士。他多才多艺，工于诗赋，擅长书法，尤精绘画，有"才绝""画绝""痴绝"之称。他为建康（南京）瓦棺寺所绘制的《维摩诘像》壁画，轰动一时。他的画对中国画发展有很大影响。

顾炎武，明末清初大思想家、学者。他少年时即参加反对宦官权贵的"复社"，后参加抗清起义，失败后遍游华北。他学识渊博，研究学科很广，在哲学、文学、音韵学、天文学等方面都有成就，并有著述传世。

六

卫国出石姓

1. 美女生孽子

商纣在别都朝歌（今河南省淇县）建别馆、修酒池、树肉林，大肆玩乐，终于把商王朝推上了灭亡的道路。商灭周兴，周武王就把商朝的遗民，分封给商纣的儿子武庚。但殷地刚刚平定，还没有安定下来，周武王不放心，就命令他的弟弟管叔鲜、蔡叔度辅佐武庚治理殷地。武王死后，继位的周成王年幼，周公旦摄政，掌握国家大权。管叔和蔡叔怀疑周公的作为不利于周成王，于是扶持武庚一起叛乱。周公旦按周成王旨意出兵征伐叛军，诛斩武庚，杀死管叔而流放蔡叔。几年之内，连续的战争使殷地荒草丛生、满目疮痍。管叔、蔡叔叛乱后，周公旦为了更有效地控制商朝遗民，便把他们分为两部分：宋地一部，分封给微子启，以接续殷

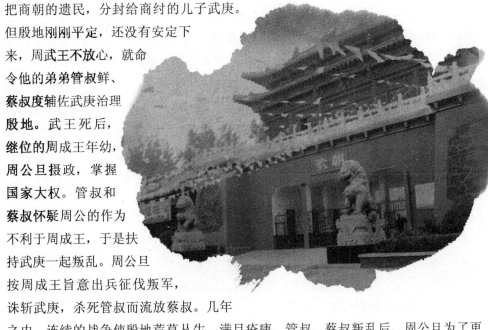

插图 4-6-1.1 商纣的别都朝歌

今河南省鹤壁市淇县，3000 年前称"沬邑"，又称"沬乡"。殷纣王时，沬邑改名为"朝歌"。朝歌城作殷商最后四代帝王的都城达 500 年。商纣王统治时代，朝歌是中原很繁华的都城，历史记载："朝歌夜弦五十里，八百诸侯朝灵山。"周武王联合八百诸侯伐纣，商纣王兵败牧野，兵撤鹿台自焚。周武王兵抵朝歌，把象征王权的九鼎，从朝歌迁走，朝歌城遂成为"殷商故墟"。后一度为卫国之都。

人香火；卫地一部分封给康叔管辖。从此，殷商的国都历史就被尘封，远离了人们的视线。

康叔，名封，周武王同母少弟，素负贤名。周公旦把商朝遗民分给他一部分，又把原来商都周围地区和殷民七族分封让他统治。康叔在殷商故墟朝歌（今河南省淇县）建立了都邑，这就是历史上的卫国，是西周最大的封国。卫国地处当时中原之中心，又是殷商京畿故地，地理位置十分重要。因此，卫国是否有安定的局势，直接关系到西周王朝的整个政权能否稳固；西周的都城远在千里之外的西边镐京，中原广大地域上的诸侯国，也只有靠卫国来稳定。康叔不负王朝之望，把卫国治理得繁荣昌盛，称誉日益上升，为西周巩固中原的统治，起到了至关重要的作用。到周成王亲政时，康叔被举为司寇，权位高于其他诸侯。

可是，卫国传到卫庄公时，局势却发生了变化。因为卫庄公娶了一位美丽而风流的女子。《诗经·卫风》中有一首诗，描写了这位美丽的女子："硕人其颀，衣锦褧衣。……手如柔荑，肤如凝脂，领如蝤蛴，齿如瓠犀。螓首蛾眉，巧笑倩兮，美目盼兮！"

插图 4-6-1.2 卫庄公夫人庄姜画像（明代《历代百美图》）

庄姜是卫庄公（公元前757—前735年）的正夫人，齐国齐庄公的女儿，中国历史上著名的标准美女。1932年在朝歌西北35里淇河北岸辛村的卫国墓地，发掘出大量的青铜器随葬品，其中一件青铜簋，上有铭文为"卫夫人□姜作其行簋用"，应为庄姜的遗物。

这位美若天仙的女子是齐国齐庄公的女儿，叫庄姜。庄姜美艳惊人，风流成性。她被卫庄公娶到卫国不久，她的风流韵事就传遍了朝野。但卫庄公似乎并不在乎，反而非常得意。给她坐最豪华的车子，常陪她四处郊游，到淇水垂钓取乐。

但遗憾的是，庄姜不能生育。卫庄公只好又娶了陈国的美女厉妫。厉妫生了个儿子叫孝伯，不幸孝伯夭折。卫庄公又把厉妫的妹妹、美丽的戴妫娶到宫室。戴妫生子叫完，然而没过多久，戴妫死去了。于是，卫庄公就把完交给庄姜抚养。庄姜也没负王命，精心把完抚养成人，被立为太子。可庄姜也非寻常之辈，她为讨好庄公，向庄公进献了一美丽宫女。庄公和宫女生下一子，叫州吁。州吁自幼就生活在母宠父惯中，蛮横无理，纵欲放荡，舞枪弄棒，滋事生非。卫庄公不以为忧，反以为喜，认为此儿有才，更加溺爱。这引起了庄姜的厌恶，也使大夫公孙石很反感。他劝庄公对州吁的所作所为严加管教，教化州吁学习君臣长幼之礼。但卫庄公听不进去，溺爱放纵如常。公孙石有个儿子叫公孙厚，和州吁来往密切，公孙石对儿子交这样的朋友很生气，要他和州吁断绝来往。

2. 公孙除害

卫庄公二十三年（公元前735年），卫庄公离世，他的儿子完即位，是为卫桓公。

此时公孙石已告老还乡。卫桓公看不惯州吁的骄横无理，把他驱逐出境。州吁被赶出卫国之后，怀恨在心，就想寻机报复，招降纳叛，经常窥探着卫桓公的动向。有一天他认为时机已到，便悄悄潜入国内，找到他的心腹公孙厚。经过密谋策划，州吁终于杀死了他的哥哥卫桓公，自立为国君，封公孙厚为大夫。为了巩固自己的统治，平息民怨，他利用一些诸侯之间的矛盾，联合宋殇公、陈桓公、蔡国等攻打郑国，取得了胜利。

州吁自感在臣民中有了威信，更加飞扬跋扈，不可一世，为所欲为。

此时，卫国朝中以公孙石为代表的一批老臣，对州吁和公孙厚两个叛逆的所作所为，义愤填膺，异常愤恨，必欲除之而后快。州吁已有发觉，感到了来自老臣们的压力和威胁。这时，他才认识到自己虽已当上了国君，但并没有得到周天子的认可，不是合法的诸侯，是个"伪政权"。为此，他与公孙厚密谋策划，要到周天子那里讨个诸侯之封诏，名正言顺地坐稳王位。州吁深知公孙厚的父亲公孙石的威望，就要公孙厚向父亲求助。

公孙石听到儿子为州吁求助，认为铲除州吁的机会来了，他将计就计，对儿子说："现在周王特别嘉宠陈国陈桓公，陈国和卫国正在交好。所以，现在是个时机。你们可亲自去陈国说服陈侯，让陈桓公去朝见周天子，就会大功告成。"公孙厚马上报告给州吁，他俩商量后，满怀希望地带上重礼去了陈国。

此时公孙石已经派心腹带上他的亲笔信，抄近路火速赶到陈国，将信送到陈桓公手里。密信上说："卫国褊小，老夫耄矣，无能为也。此二人者，实弑寡君，敢即图之。"

州吁、公孙厚二人一到陈国，就被甲士拿下，然后派人到卫国，请卫国处

理。原来公孙石在信中陈列了二人的罪行，请他们为卫国抓住二贼除掉。州吁、公孙厚被陈国控制后，卫国派右宰丑赶到陈国，在濮地（濮水岸边）乘州吁进食之时将其杀之，同时，派孺羊肩杀了公孙厚。

公孙石巧没"调虎离山"之计为国除奸，大义灭亲，受到卫国臣民的赞扬。公孙石从邢国迎回卫桓公的弟弟公子晋，立其为国君，他就是卫宣公。

插图 4-6-2.1 卫国都城遗址

卫国故城，在淇县城关镇，是朝歌城（纣王城）的第二道城垣上段。公元前1063年周公封康叔为卫君，建都朝歌，在朝歌历时403年。故城城郭长3100米，宽2100米，周长10400米。在夯土中发现有春秋战国时期的陶豆柄、陶盘、陶盆、绳纹板瓦、矮足粗绳纹鬲等。

插图 4-6-2.2 卫国遗址出土的陶片

在卫国故城东有两个遗址，分别是冶铁作坊、制骨作坊，发现有牛、猪等各种骨骼，上面的锯痕清晰，有的已变为化石。两遗址中发现有红陶片、细把陶豆、折沿旋纹陶盆以及绳纹小砖等。

3. 石姓传人

公孙家族在卫国生息发展，受到大家的敬仰。公孙石有一个孙子叫孙骀仲，为了纪念祖父，便以公孙石的字为姓，姓石。于是，石骀仲就成了石姓第一人。

石姓自诞生以来，历史上出现许多名人。

石崇，西晋时为荆州刺史，以劫夺客商而积财无数。与贵戚王恺、羊琇等争为奢靡。八王之乱时，为赵王伦所杀。

石勒，后赵明帝，羯族。十六国时期后赵建立者。他是世界史上唯一的从奴隶到皇帝之人。

石敬瑭，太原沙陀族人，五代时后晋王朝的建立者，即后晋高祖。石敬瑭为人辨察，多权术，好自矜大，所聚珍异，穷奢极丽，宫殿悉以金玉珠翠为饰。他对契丹百依百顺，但对百姓却如虎狼一般，凶恶狠毒，用刑十分残酷。石敬瑭晚年尤为猜忌，不喜士入，专任宦官。死后谥圣文章武明德孝皇帝，庙号高祖，葬于显陵（今河南宜阳县西北）。

石守信，北宋初大将。开封浚仪（今河南开封市）人。与赵匡胤结为义社兄弟。在赵匡胤"杯酒释兵权"后，他辞去武官之职，赏授闲官头衔。改任天平军节度使，出镇郓州（今山东东平），赏赐甚厚。石守信以"贪得无厌"著称，史载累任节镇，专务聚敛，积财巨万。

石达开，清末太平天国杰出的军事将领。天京事变后，回京辅佐天王，因不被信任，负气出走，转战数省。1863 年 5 月兵败大渡河，自投清军，6 月于成都被杀。

石泰，宋道士，号杏林。遇张伯端（即张紫阳），得授金丹之道。常以医药济人，不受其谢，唯愿病者植一杏树，久遂成林，人称之为"石杏林"。

4. 淇县寻祖根

河南省鹤壁市淇县以其丰富的历史文化遗存，吸引着海内外石姓人来寻根。

淇县，依太行，傍淇水，素有"东临淇水观龟跃，西依太行听鹿鸣"之美誉。淇县历史悠久，文化灿烂。殷商在殷建都后，在此建别都，古称朝歌。《封神演义》的故事从这里演绎，《诗经·卫风》篇章中多有描绘淇县的风情。这里有华夏第一座皇家园林淇园、摘心台、纣王墓、中华第一古军校等。淇河之水，哺育了诸如箕子、微子、比干、王禅、许穆夫人、荆轲等仁人志士。

淇河，风光旖旎，是一条古老美丽、清碧甘甜的河。淇河是一条生态河，它从太行山深谷奔涌而来，被人誉为"北方漓江"。我国最早的诗歌总集《诗经》中就曾这样描写："淇水滺滺，桧楫松舟，驾言出游，以写我忧。"如此写淇河之美的诗篇，《诗经》中达 13 篇之多。淇河是一条文化河，它孕育了一代商王朝，哺育过众多英雄豪杰、仁人志士。世传周公、周文王、姜子牙等都在此垂钓过。古往今来，历代文人墨客留下赞美淇河风光的诗文有 200 多首。

淇河两岸的太极山，更有独到之处。太极山为研究伏羲八卦和《易经》提供了实物证据，被专家称为"太极之源"。

殷纣时，比干因劝谏纣王，为纣王所不容，被剖腹挖心。汉代有人在比干被杀害处建台纪念，名摘心台。如今已成为有浓厚文化色彩的公园。摘心台公园在县城中心，占地百余亩，大门仿清建筑，红墙绿瓦，雕梁画栋，气势宏伟。走进公园内，可看到三仁祠、无耳狮、陈婆选心经浮图、超公塔等景点。碑林中多有珍品。

箕子是殷纣王的名臣，与比干同朝，他不但贤明正直，且有政治才干和文学修养，官居太师。但因劝谏纣王而被罢官，他不满于朝政，操琴狂歌于朝歌街市，被纣王囚禁，直到周武王灭纣才被释放。然而箕子誓死不从周，带5000名商朝遗民东迁朝鲜。今朝鲜和韩国的韩氏和齐姓等，都奉箕子为始祖。箕子庙位于淇县朝歌镇，始建于唐，庙内存柳宗元《箕子庙碑记》。大门内有箕子坐像，像后屏风写满甲骨文。两侧的碑亭分别刻有箕子的诗文《洪范》和《麦秀歌》，为我国文学史记载的最早诗文。其后有前殿、祭殿和后殿，整个建筑前后呼应。殿内蜡像与壁画记载了箕子生平、经历和文学成就等。

武王赐林姓

1. 比干谏而死

处于中原的商族始祖契，有一个非常聪敏的儿子叫汤，又叫成汤。成汤即位之前，商的族居地已迁了八次之多，成汤即位后就移居于亳（今河南商丘市东南）。成汤为商族首领时，夏王朝是桀当政。夏王桀暴虐无道，荒淫无度，残害百姓，侵占诸侯。国内民怨沸腾，众叛亲离；国外诸侯反夏情绪日高。夏朝江山处于风雨飘摇之中。

成汤对夏桀的残暴统治十分愤恨，早存灭夏之心。他对商族百姓轻赋薄敛，布德施惠。一时百姓亲附，政令通达，人人拥主。在这样的基础上，成汤开始积蓄粮草，制造兵器，召集人马，训练军队，积极准备伐夏。

成汤任用伊尹做宰相。伊尹虽厨子出身，却足智多谋，辅佐成汤忠心耿耿。伊尹向成汤献计，先翦除夏桀外围，灭掉亲附夏桀的诸侯小国，再攻夏桀的老巢。万事俱备，

插图4-7-1.1 比干雕像

比干（公元前1125—前1063年），沫邑人（今河南省新乡卫辉市北），幼年聪慧，勤奋好学，20岁就太师高位辅佐帝乙，又受托孤重辅佐帝辛。从政四十多年，主张减轻赋税徭役，鼓励发展农牧业生产，提倡冶炼铸造，富国强兵。因直言敢谏，纣王帝辛将其残杀，终年63岁。被誉为"亘古第一忠臣"。

一声令下，成汤攻灭夏桀的决战打响了。商军浩浩荡荡，以秋风扫落叶之势攻城克邑，夏朝毫无抵抗之力，夏桀望风而逃。夏桀逃到安邑之外的鸣条之野，想与商军决一死战，结果大败。夏桀死里逃生，最后逃到今山东境内宁县之北，被穷追的商军擒获，夏朝灭亡了。

　　历史的轮回，使人惊叹。一代明君成汤建立起来的商朝，历经数百年，兴衰沧桑，传至商朝纣王时，又出现"夏桀现象"。纣王比夏桀有过之而无不及，同样暴虐荒淫，使生灵涂炭。纣王迷恋宠妃，轻信谣言，设酒池肉林，大搞淫乱，滥施酷刑，杀戮无辜，无恶不作。对此，许多忠良之臣不顾生命之险，上朝进谏，劝其改过，振兴朝纲。但都被纣王拒之门外，甚至遭杀身之祸。纣王的长兄微子启因劝谏被逼逃亡，隐居民间。纣王的庶兄箕子因进谏而装疯卖傻，被抓囚禁。

　　纣王之叔父比干，在朝任太师之职，人称"王子比干"。比干为人正直，爱民如子，为国一片赤诚。他性情耿直，看到纣王沉迷不悟，忠臣劝谏不纳，局势危急，忧心如焚，多次进朝劝谏，都被纣王拒绝。

　　西伯侯姬昌壮大力量，聚集大军，开始了征伐殷商的军事行动。周军东进，一路打来，商军纷纷投降，诸侯归服。周军已经攻伐到靠近商朝西部属国黎国的边境（今山西省），这是当年诸侯会盟的地方，此地距殷商都城朝歌只有200余里。情况万分危急，可沉迷酒色之中的纣王听到报告却哈哈一笑，说："我一生有命在天，他们能奈我若何？"群臣都不敢再言。他的叔父比干忍耐不住，挺身而出，报着甘愿为谏而死的决心，找到纣王寻欢作乐的地方，直言相谏，慷慨陈言，说："主有过不谏，非忠也；畏死而不言，非勇也；有过则谏，不用则死，忠之至也；为人臣者，不得不以死争。"比干痛陈国家当前的危急，要纣王当机立断，杜绝荒淫生活，施行德政，关心民众疾苦；善待诸侯，使四方归服；训练军队，保卫京畿，保护属国。纣王看在叔侄的关系上，对其采取不理不睬的态度。但比干并不甘心，站在朝上反复忠告于纣王，一连三日不停。比干的忠告终于惹恼了纣王，纣王大怒道："我听说圣人心有七窍，你就是这样的圣人吗？"说罢，不顾大臣的跪求，就命令卫士把比干的胸膛剖开挖出心来。

　　纣王身边有个奸臣叫费仲，他平日里对忠臣们劝谏早已厌恶，与比干更是势不两立。纣王杀害比干时，他在一旁助纣为虐；比干被害之后，他又对比干一家斩尽

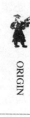

108

插图 4-7-1.2 摘心台

摘心台是夯土土层，上层是殷商文化，下层是龙山文化。《淇县志》上记载，摘心台是纣王所建，因台高有"危楼高百尺，手可摘星辰"的说法，伸手就可以摘到星文，所以得名"摘星台"。商纣王晚年，昏庸无道，和妲己在台上终日寻欢作乐，其叔父比干台上苦谏三日，纣王恼羞成怒，令卫士将比干剖腹挖心。后人为了纪念爱国忠臣比干，改名为"摘心台"。

杀绝。比干被杀的当夜，费仲带人马闯进比干的府门。此时比干夫人车氏已带侍女逃走，家中只有即将临产的姨夫人有虞氏，竟也死在了费仲的乱刀之下。

2. 周武王赐姓

比干夫人车氏跑出都城朝歌，向西南牧野奔去。她怀有身孕，身边只有一侍女。天黑路滑，主仆二人顶风冒雨，跌跌撞撞渡过沧水，攀崖越洞隐匿于大山之中。主仆二人惊恐万分地来到一石崖前，见有一山洞，便钻进去躲避。从此，主仆二人在山洞中住了下来，靠野果充饥，山泉解渴。

一天，山洞中传出一声婴儿的哭声，车夫人生下一个男孩。自此，车夫人有了希望，她与侍女精心照料抚养孩子，盼望孩子长大能为家族报仇雪恨。

半年后的一天，车夫人抱着孩子出洞采野菜野果，正巧遇到一队商兵。原来费仲没有抓到比干家人，贼心不死，经常派人到处搜捕，这天正巧与车夫人相遇。车夫人在侍女的协助下，抱着儿子跑进树林深处，才躲过一劫。

没过多久，周武王伐纣大军在牧野一战，大败商军，攻入朝歌。纣王在鹿台自焚，商朝灭亡，周朝建立。周武王安定局势之后，马上安抚殷商遗民，特别对还幸存的忠臣志士及其家人子女更为关心，该安置的安置，该寻找的寻找。纣王之兄微子启找到了，庶兄箕子从狱中放出了，又派人查找比干的家人。终于在山林石洞里找回了车夫人及儿子坚。周武王得知车夫人以树林为掩护，使忠良之后逃过一劫，非常感动和钦佩。

周武王为旌表比干忠烈，命开国功臣闳夭给比干在朝歌南汲境内（今河南省卫辉市）封墓，夫人携子归周。因坚生于长林石室，周武王封比干垄，垄为国神，赐姓林名坚。武王亲自到比干墓前祭奠。由此世间又多了一姓。

3. 林姓传人

林姓是大姓，遍布世界各地，有"陈林半天下"之说。林姓不断外迁，发展繁衍，逐渐壮大，而且向海外移居者不断，海外华人中林姓人数位居前列，林姓杰出人物辈出。

林禄，把林姓从北方带到南方的第一人，也是在南方林姓中影响最大的"闽林"始祖。

林则徐，清末政治家。他提倡经世之学，曾在河南修治黄河。道光年间禁烟运动，在中华民族抗击侵略者的历史上，写下了可歌可泣的一页。

林旭，清末"戊戌六君子"之一，参与新政，被捕遇害。

林觉民，近代民主革命烈士。福建闽侯人。1911 年春参加广州起义（黄花岗之役）。4 月 24 日《绝笔书》，表示为"光复神州，重兴祖国"而献身的决心。随黄兴攻两广总督署，受伤被俘，从容就义。译著有《六国比较宪法论》《驳康有为物质救国论》等。

4. 林氏寻根地

　　林姓的发源地是今天的河南卫辉以北地区，那里的比干庙是众多林姓子孙前去祭祖的圣地。

　　卫辉市地处中原腹地，为河南省历史文化名城。自西汉高祖二年（公元前205年）设置汲县，先后为州治、路治、府治和道治，距今已有2000多年的历史，素有"南通十省，北拱神京"之称。西汉高祖时，设置县。今境内有姜太公故里、春秋战国墓群、孔子击磬处、香泉寺等50余处文化古迹。其中比干庙，历来是天下林姓人拜祖的胜地。卫辉城西的林坚诞生地，山林环抱，溪水长流，林坚降生的"长林石室"山洞，悬于危岩绝壁之上。每年有众多国内林氏后裔到山上祭祖，来此重温林姓祖先的传奇故事。

　　卫辉历史悠久，文化遗产丰富。

　　有一个悲壮的传说。传说比干被挖心之后，掩抱不语，面如土色，骑马出朝歌南行，他要去寻找能长出心的"心乡"（今河南省新乡市）。月夜行至牧野荒郊，遇上妲己变作的老妇。她手提比干之心，拦路叫卖"没心菜"，并告诉比干，菜无心能活，人无心则死。比干顿时觉得妖风扑面，口吐鲜血，坠马而死。骤然间，狂风大作，天昏地暗，飞沙走石掩埋了比干的尸体，形成了天葬墓。妲己手中的三叶无心菜被狂风吹落，生长起来，鲜活茂盛，护卫着比干墓冢。那无心菜叶就是比干的心化成的。比干墓位于卫辉市西北7公里处。周武王灭纣王后，于公元前1027年封墓，距今已有3000余年历史。北魏太和十八年（公元494年），建比干庙以示纪念，距今已有1500多年。历经修葺，如今遗存多为明代建筑，建筑严谨，图案精巧；大殿有比干塑像，院内碑碣林立。

　　姜太公故里位于河南省新乡卫辉市西北12公里处。公元前1210年农历八月初三，姜太公诞生于卫辉太公泉镇吕村。姜太公亦称吕太公，名尚，字子牙，号飞熊，是我国西周时期一位著名的政治家、军事家、谋略家。他也是我国200多个姓氏的血缘始祖。生于公元前1156，死于公元前1017年，寿至139岁，先后辅佐了六位周王，因是齐国始祖而称"太公望"，俗称姜太公。

　　孔子击磬处位于河南省卫辉市城区南关，《论语·宪问》记载"子击磬于卫"，孔子周游列国著书讲学，曾在此击磬讲学，也在卫辉这片古老土地上留下了清脆的

插图4-7-4孔子剑刻碑

卫辉市比干庙内碑碣林立，从春秋时期的孔子剑刻碑，到清朝乾隆亲书御碑，64通几乎涵盖了中国历史上所有朝代。孔子剑刻"殷比干墓"碑，是迄今发现的唯一的孔子真迹，被誉为"天下第一碑"。相传孔子周游列国到比干庙，以崇敬之心，挥剑为书，以大地为土，"墓"字下的"土"字，有意省略。后来，一位不学无术的县令，命人把"土"字添上。突然晴天霹雳，一声炸雷轰掉"土"字，至今碑上仍留有雷痕。其实墓、莫二字在春秋时期通用。

110

古磬余韵。明万历十五年（公元 1587 年）卫辉知府周思宸建立"余韵亭"，清乾隆十五年（公元 1750 年）重修，现存有方亭一座，门楣上有"玉振遗韵"石刻一块，亭内有御碑一通，阳刻"孔子击磬处"五字，碑阴刻诗一首："荷篑人过识有心，既讥揭浅历于深，知其一未知其二，玉振全声冠古今。"均为清代乾隆皇帝手书，现有孔子讲学堂一座。

香泉寺位于卫辉市西北 20 公里处的太行山东麓的霖落山山坳中，因离香泉近而得名。"香泉甘洌"为卫辉古八景之一，始建于北齐天保七年（公元 556 年），为著名高僧稠禅师在魏离宫旧址上所建。早在 6 世纪中叶，北印度高僧那连提黎耶舍就曾经到此讲经传播佛教文化，历史上素有佛教"小西天"之称。又据传说隋大业五年（公元 609 年），登封少林寺第二任主持稠禅师游历化缘到此，发现霖落山泉水甘甜清纯，他捧了一口，一股香气扑面而至，就高兴地说："这里可以建寺院。"后来，这里就建起了寺院，并取名"香泉寺"。唐、宋、金、元、清历朝均有石刻、雕像。素有"豫北第一古刹"之称。

邢国生于姓

1. 国破改姓

周武王灭商后，为巩固统治，大封诸侯，特别是姬姓，不论长幼，皆封臣赐邑。周武王次子姬诞，虽然年少，也被封于邢（今河南省沁阳市之北西万镇邰村），这里农耕文明发达，制陶技术精湛，禹王在邢颁布了我国第一部农事历法《夏时令》，邢是为商王朝的陪都。姬诞借助于得天独厚的条件，在邢地邑建立了邢国，成了开国之君。由于姬诞年幼，周武王就配给他一位师父叫渡伯，辅助他治国安天下。

姬诞聪明好学，心地善良，虚心请教师父，积极参加各种活动。邢国的水利建设有了进展，农业有了发展，百姓过上了安稳的日子。大家对这位幼主产生了敬意，称他为邢叔。

正当姬诞领导百姓们建设发展时，都城传来了不幸的消息。由于连年征战，为民操劳的周武王积劳成疾，不治而死。这时，周朝政权建立只有三年。

周武王去世后，太子姬诵即位，是为周成王。周成王也是一位幼主，朝政由周公姬旦辅佐管理。周公代政，不但招来朝中一些大臣的非议，而且给了别有用心的人以可乘之机。

商灭亡后，纣王之子武庚被安置到殷商旧都，管理殷商遗民，以稳江山社稷。但他们复商之心不死，时时窥视机会倒周复商。所以，他们乘幼主刚登上王位之机，勾结对周公不满的管国管叔、蔡国蔡叔，叛乱反周。周成王和周公断然平叛，出师东征。这时，姬诞也懂事了，十分关心周朝大事。听说周成王派周公出征平叛，积极请求参战，周公为了锻炼他，就答应了他的要求。

姬诞虽然年少，但在平叛的战争中表现突出，勇敢战斗，显露出少年将才的特质，朝中文武大臣都称赞他、尊重他。平叛胜利结束，姬诞回到采邑邘国，更致力于建设邘国。邘国发展得很好，姬诞受到全国百姓的拥戴。为了更好地巩固邘国人民的安定生活，不忘邘国先祖，姬诞让大家以国为姓，百姓皆以此姓为傲。

112

周朝传至第12代君主周幽王。周幽王是个暴君，他宠幸爱妃褒姒，失信诸侯；重用奸臣，搜刮百姓，国内危机四伏，民怨载道。周幽王十一年，王室申侯勾结对周朝早有虎狼之心的犬戎部落，攻打周朝，周军不堪一击，叛军攻向都城镐京。郑国郑桓公保护周幽王，迎战叛军，但寡不敌众，桓公战死，其子袭王位，为郑武公。此时镐京被攻破，周幽王在骊山被杀，其子姬宜臼继位，为周平王。在郑武公的护驾下，周平王迁都于雒阳（今洛阳）。

郑国两代国君，为保卫周天子立了大功，自恃功高，骄横起来，野心膨胀，四面出兵，吞食诸侯，扩张领土。

周平王二年，郑武公先后灭掉相邻的邻国和虢国，又扫清北边的一些小诸侯国，大军进攻到黄河之岸，邘国处在亡国的危急之中。

郑国军队杀来了，邘国国君厥立即率领军民反抗，奋勇保卫国家。双方战斗激烈，损失惨重，但终因弱难敌强、小不敌大，国都被团团包围。国难大劫，亡国在即。国君厥悲痛地向激愤的臣民说："我们即将失去国家，我国的姓氏'邘'字，也会失去，让我们改姓'于'，来纪念我们的国家吧。"

邘国灭亡了，于姓诞生了，诞生于亡国的战火和悲泣声中。

插图 4-8-1 邘国故城

邘国故城位于沁阳市西北 15 公里之西万镇邘邰村东南。北依太行屏障，南瞰沁河平原。《水经注》载："其（邘）水南流，经邘城西，故邘国也。城南有邘台。"今仅存北城墙及东城墙一段，其余城垣均夷为平地。古邘城西北角有一高台，面积约 1300 余平方米，高 9 米，相传姜子牙曾在此钓鱼，故曰"钓鱼台"。

2. 于氏英才

于姓在 2600 多年的历史中，发展繁衍，不断壮大，人口兴旺，迁播的地域十分广大。

于谦，明代钱塘人，政治家、诗文家。他英勇抗击蒙古军队，为官正直清廉，敢于为民请命，兴利除弊。明英宗因"土木堡之变"被俘，兵部尚书于谦拥立英宗之弟为帝，总领军民抗敌，保卫京城获胜。英宗复辟后，于谦被诬陷为"意欲谋反"而杀害。

　　于成龙，清初名吏，以廉政著称。他历任知县、知州、知府、按察使、布政使、巡抚、总督、兵抚、总督、兵部尚书、大学士等职。他宦海20余年，政绩卓著，清廉刻苦，百姓爱戴，并受到了康熙皇帝的赞誉，称其为"天下廉吏第一"。

3. 于姓寻根

　　邘国是于姓的诞生地，故今河南省焦作市沁阳市，是海内外于姓的寻根地。

　　沁阳位于河南省西北部，北依太行，南眺黄河，西邻山西。自古为豫西北政治、经济、文化的中心，素有"覃怀之城""河朔名邦"的美誉。夏朝为覃怀首邑，商代属商畿重地，周启野王邑。沁阳是全国首批"千年古县"。有天宁寺三圣塔、清真北大寺、朱载堉墓、朱载堉纪念馆等国家级文物保护单位；沁阳是唐代诗人李商隐、元代科学家许衡和明代科学家朱载堉的出生地；另有太平军北伐指挥部遗址、韩文公祠、朱载堉墓等古迹遗址，还流传着女娲补天、二郎担山、老君迎宾、竹林七贤聚会等许多美丽的传说。

　　沁阳文庙书院，星罗棋布，文化底蕴浓郁，人文荟萃，古迹众多。

　　邘国故城位于沁阳市西北15公里西万镇邘邰村东南。北依太行屏障，南瞰沁河平原，地势北高南低。邘国是商代鄂侯封地。西周时，鄂侯南迁，周武王封次子邘叔于此。《水经注》载："其（邘）水南流，经邘城西，故邘国也。城南有邘台。……京相璠曰，今野王西北三十里有故邘城，台是也。"在邘国故城西北还有一小城，清代复修，原设门，皆以砖石拱券，门额有石刻，东曰"迎旭"，南曰"古邘城"。因近年村建城大部分被拆除。从仅残存的城墙看，夯土层为战国时期，可能是战国时期古邘国的卫星城或为统治阶级单独居住的地方。

插图4-8-3 邘国故城出土的铜爵

1972年，河南省沁阳市万镇邰村农民深挖土地时，在邘国故城之东的多米河畔，发现一樽商代铜爵。铜爵是商代和西周青铜礼器中的酒礼器，用于温酒和饮酒。铜爵的形制多为深腹，前面有倾酒用的流，后面有尾，旁有把手，口上有两柱，下面有三个尖的高足。

　　郗城遗址位于沁阳市区西南13公里柏香镇贺村西北。郗城始建于西周，沿用至汉代。据《水经注》记载："济水又东南，迳絺（郗）城北。"郗城在筑城时因地制宜，东北角一段临潴龙河（济水）依水而建。经调查，城址平面呈不规则七边形，现仅存西北角一段，其他城墙深埋于地面之下。郗城为周代豫西北著名的"十六邑"之一，而且延续时间长，它不仅对研究西周及春秋战国时期的政治、经济及历史文化有着极其重要的价值，而且为古代城址考古和郗姓起源研究提供了珍贵的实物资料。

　　碗子城与羊肠坂位于常平乡常平村北宛子山间。山腰一台地亩许，春秋战国间筑城，因城池仅 30 多平方米，故名碗子城。羊肠坂盘旋在太行山间，南起邢国故城，北接壶关，相传该坂道为帝尧时所开，现存古坂道长 800 多米。此段有古碗子城、关卡、兵站、城堡、烽火台等古代军事设施建筑、遗址九处。碗子城是古坂道上的重要城堡、太行径咽喉要地。秦昭王四十七年（公元前 260 年），秦兵抢夺此城，发动"长平之战"。汉建安十一年（公元 206 年），曹操在河内募兵屯田一年后，北上太行山进击叛将高干，面对此城以及感受军旅生活的艰辛，歌吟羊肠坂，写下《苦寒行》。秦至近代，古羊肠坂及碗子城都是兵家必争之地。

野王古城，始建于西周秦王政六年（公元前 241 年），为卫国都邑。北魏至清末，历代为郡、州、路、府的署地。元至正二十年（公元 1360 年）重修。明、清两代均有增筑，野王古城是"千年古县"传承的重要载体，是沁阳悠久历史文化的见证。

沁园位于府城东北沁水北岸，金时为官僚宴游之地。今名叫北金村，原有《沁园图刻石》，后移至城角禹王阁。阁废石轶。据《后汉书》记载，汉明帝把女儿封在野王（今沁阳），为沁水公主。他为女儿在沁水之阳修建的庄园名叫"沁园"。后来庄园被外戚窦宪倚势强夺，有人写诗以咏其事，名其调为"沁园春"。今沁阳市北金村是"沁园春"词牌的发源地。元耶律楚材在《过沁园有感》中写："昔日曾游沁园春，今日重来迹已陈。水外无心修竹古，雪中含恨瘦梅新。垣颓月榭经兵火，草没诗碑覆劫尘。羞对覃怀昔时月，多情依旧照行人。"

九

苏国留苏姓

1. 苏国兴亡

我国古代最早为色而亡国的是夏朝的君主桀，夏桀的宠妃妹喜断送了他的大好河山。到了商朝，末代之君商纣王重蹈历史覆辙，上演了又一出相同的亡国悲剧。

距商纣王的别都朝歌不远，有一个诸侯国叫苏国（今河南省焦作市温县）。苏国虽小，可是一个立国较早的诸侯国。苏国的祖先是黄帝的后裔昆吾氏。到了殷商时，苏国的国君是苏护。

商纣王为了得到苏国的财物和美女，举兵杀伐苏国。苏国本来就地域狭小，人口不多，资源有限，加上连年向商朝交纳规定的贡赋，力不胜负，现在已经没有财物可献给纣王了。苏国哪里知道，商纣王派兵而来，意不在物而在人。

原来，纣王在外游玩时，在苏国一带看到过一个貌若天仙的女子。纣王让大夫费仲打听后得知，这位美女是苏国国君苏护的爱女。纣王就派费仲去苏国迎娶美女，被苏伯婉言拒绝。费仲就以君臣之礼恐吓苏伯，要苏伯向周天子献忠心。苏伯反复辩白拒绝。最后，费仲一计不成生二计，二计不成恼羞成怒，就带领大军兵临苏国城下，索要苏护女儿。苏护难以抵抗商王朝大军，为了苏国百姓免遭生灵涂炭之苦，忍痛把爱女进献给纣王。纣王得到美女，便下令退兵。

　　这位美女就是历史上有名的苏妲己。

　　商纣王得到苏妲己，沉迷美色，终日厮磨床第，苏妲己有求，商纣王必应。苏妲己感到城内宫殿小，商纣王就在外地多处大造豪华壮丽的离宫别馆。苏妲己喜欢的人，他就奖赏升官，不喜欢的人不是驱逐，就是杀害。最终，周武王兴兵灭了腐败不堪的商纣王。

　　苏国虽在历史风云中生存了下来，一直到东周的周平王时代仍然受大国的欺负。周成王迁都洛阳时，郑国护驾有功，周平王为郑国加封土地时，把苏国划给了郑国。自此，苏国成了郑国的附庸国，还是深陷被压被辱的处境。苏国人民只能忍气吞声、忍辱负重。自此，苏国对东周王朝埋下了仇恨的种子。这种仇恨一直延续到周惠王时代，此时苏国的国君叫苏子明，他没有忘记周王朝把苏国当成礼物送给郑国的耻辱，一心要复仇。

　　周惠王即位的第二年，大局未稳，有一个王子叫颓，起兵发动叛乱反周。苏国苏子明立即响应，毅然支持颓的反周行动，并乘周惠王首尾不顾中，攻占了周王朝的都城。

　　周惠王被赶跑了，周王朝在这危难时刻，郑国又出手了，马上出兵帮助周惠王击败了王子颓的叛乱。但是，苏国所占据的都城还在苏子明手中。周惠王无奈，硬的不行来软的，打起了仁义旗帜，向苏国抛出橄榄枝，承诺苏国只要从都城里撤兵，周惠王决不计前嫌。苏子明本意也不是要夺位，只是想出口恶气，报复一下，所以，就答应了周惠王的条件，退兵出城。周惠王还算仁义，给苏国定了个叛乱分子的胁从罪，不再追究。

　　可是到了周襄王时代，周襄王并没有忘记苏国抢占周朝都城的耻辱，一定要报复，争回王朝的面子。

　　有一年，狄部落与苏国发生了矛盾。狄部落有很强的武装力量，苏子明与狄部落经过几场厮杀，难以支撑，就向周襄王求助。周襄王认为惩罚苏国的机会到了，

插图4-9-1妲己画像（选自日本画家葛饰北斋的《北斋漫画》）

妲己，传说为苏姓，据《晋语》记载："殷辛伐有苏，有苏氏以妲己女焉。"看来妲己是纣王打仗胜利的"战利品"。《史记·殷本纪》记载，商纣王"好酒淫乐，嬖于妇人。爱妲己，妲己之言是从"。夏桀宠妹喜而失国，商纣王因宠妲己而灭亡，故人们常将亡国之君的过失与女色联系起来，妲己也就成了诅咒的对象。纣王战败逃到鹿台自焚，妲己也自缢而死。这幅画像为日本画家葛饰北斋的漫画作品。葛饰北斋（公元1760—1849年）生活在相当于中国乾隆二十五年至道光二十九年时代，他的绘画风格对后来的欧洲画坛影响很大，马奈、凡·高、高更等许多印象派绘画大师都临摹过他的作品。

他不出兵帮狄部落就算好的了，哪会帮助苏国。周襄王袖手旁观，坐山观虎斗。

苏子明盼不到援军，孤军奋战，弱兵难抵强敌，最终兵败，苏国陷落。在这亡国之际，苏子明对将士和族人说，为了不忘苏国先祖，国人不论王公贵族还是平常百姓，都以国为姓。苏子明说完自杀，苏国就此灭亡，不过苏姓却幸存并流传。

2. 苏氏寻根

河南省焦作市温县是苏姓的发源地。

温县在河南省的北部，南临黄河。温县古称"温"，缘于境内有两个温泉。《温县志》载："相传泉流常温，士忻以德，民利灌溉。"温县是中华民族最早的聚居区之一，县内存有仰韶文化遗址和龙山文化遗址十多处。夏时已称温国；商代祖乙曾在此建都；周代为畿内之地。

温县有丰富的历史文化，有许多的名胜古迹。

慈胜寺位于温县城西 20 公里大吴村，始建于唐贞观年间，历经唐、宋，毁于兵燹，元代至元年间重建。寺的建筑体现了古代劳动人民高超的建筑艺术。天王殿墙上原绘有精美的脱壁画，面积达 200 平方米，画中各天王威武勇猛，栩栩如生，有脱壁而出之势，这在中原地区保存的元代壁画中绝无仅有。壁画大部分被盗运至外。大雄殿前矗立着一尊高大经幢，建于后晋天福二年（公元 937 年），高 5.4 米，共用 17 块青石雕刻而成，经幢上刻有经序、伎乐、飞天等，形象逼真，刻工精湛，刀法流畅，姿态华丽生动，乃五代经幢之珍品，具有较高的艺术价值。寺内有一口 500 多千克的铁钟，为明代遗物。

陈家沟位于河南省焦作市温县城东 5 公里处的清风岭中段，原名常阳村。明洪武年间，山西泽州人陈卜迁至该村，因村中有一条南北走向的深沟，随陈氏人丁繁衍，该村更名陈家沟。当今已风靡全球的太极拳，虽然流派纷呈，但却共出一源，都是由发源于河南焦作市温县陈家沟的陈式太极拳衍变而来。太极拳的创始人是陈家沟的陈氏第九代传人陈王廷。陈王廷为了创造太极拳，认真总结了家传长拳的利弊，研究了明代抗倭名将戚继光的《拳经》，研究了多种内家拳术以及道家《黄庭经》中的吐纳导引之术，医家的经络理论，儒家、道家共尊的太极阴阳学说，殚精竭虑，呕心沥血，历经数载，创编太极武术。自明末陈氏第九世孙陈王廷创编太极拳谱以来，历经三百余年，传播海内外。

司马懿故里安乐寨位于河南焦作温县县城西南 13 公里处，原为温邑故城，隋炀帝时县城迁至今处。这里也是晋宣帝司马懿的故居，亦称"司马故里"。司马昭封晋王后，欲图霸业，选故邑按帝都规模筑城建都，称"古晋城"。古晋城分内城和外城，内城为安乐宫，外城有上花苑。安乐寨东有招贤村，因当年司马氏在此设招贤馆招纳天下贤士而得名。安乐寨有著名的司马懿得胜鼓，为 1700 年前司马懿所创。该鼓乐运用统一、对比、回旋、变奏的艺术手法，塑造了鲜明完美的音乐形象。

116

3. 苏姓名人

苏姓在苏国灭亡后延续了下来，而且历代出了不少杰出人物。

苏秦，东周洛阳轩里人（今洛阳东郊太平庄一带），战国纵横家。战国时期的韩国人，他出身农家，素有大志，曾随鬼谷子学习纵横捭阖之术多年。他先游说秦惠王，但不被重用；后游说六国，结成合纵联盟御秦，被誉为六国之相。他是与张仪齐名的纵横家，有"一怒而天下惧，安居而天下息"之美称。

苏武，杜陵（今陕西西安西南）人，代郡太守，天汉元年拜中郎将。公元前100年，匈奴政权新单于即位，汉武帝为了表示友好，派遣苏武率领100多人，带了许多财物，出使匈奴。不料，就在苏武完成了出使任务，准备返回自己的国家时，匈奴上层发生了内乱，苏武一行受到牵连，被扣留下来，并被要求背叛汉朝，向单于臣服。苏武被扣流放到西伯利亚的贝加尔湖一带，牧羊达20年。在昭帝始元六年（公元前81年），苏武终于回到了长安。他坚定的民族气节流芳百世。

苏轼，字子瞻，号"东坡居士"，眉州（即今四川眉山）人，北宋文学家、书画家、诗人、词人。苏轼为人豁达，心胸宽广，宋高宗朝乾通六年，赠太师。豪放派词人代表，他与其父苏洵、其弟苏辙都是"唐宋八大家"之一。

插图 4-9-3 苏东坡画像

苏轼，字子瞻，又字和仲，号"东坡居士"，北宋著名文学家、书画家。苏轼为宋代书法大家，其书法取法颜真卿等诸家，而自成一体，字体丰满厚重。苏轼才华横溢，仕途艰险，被逼出京，隐居其野。明代画家孙克宏所绘《东坡小像》，苏轼身着布衣，头戴斗笠，手持竹节，隐士"东坡居士"之态跃然。孙克宏博涉群籍，擅画花鸟，兼工山水、兰竹，笔墨简练，能诗，亦善书法。

召邑出邵姓

1. 隐姓埋名

周武王有个胞弟，叫姬奭。周武王灭商建立周朝后，姬奭初封到燕地，建燕国（今河南省北部）。姬奭的儿子任职周朝，勤于政事，战绩突出，受到周武王的赏识，把召地（今河南省济源市邵原乡）封给他作食邑，为公爵。他在召地受到百姓尊敬，被称为召公。

燕国逐步强大，在诸侯争霸中成为战国七雄之一。燕国世代相传几十代，传到燕国国君召昭公时，秦国已成为战国七雄中的超级大国。秦王嬴政13岁继承王位，但国事大权却由其后母和相国吕不韦掌管，实为傀儡。嬴政21岁时，经过一场腥风血雨的宫廷斗争被加冕，掌握了实权，从此他一心致力于完成统一大业。嬴政在相国吕不韦的辅佐下，先后灭掉了韩、魏、楚、赵等国，紧接着向燕国进军。此时燕国执政的是召昭公。

召昭公立即率领燕国军民抗秦。双方进行了激战，弱燕难敌强秦，燕终于被秦国所灭掉。接着，嬴政又灭掉了齐国。在嬴政即位的第26年时，实现了统一中国的大业。这一年是公元前221年，秦王嬴政38岁。

秦王嬴政统一六国，建立了秦王朝。他认为历史上有三皇五帝，但其功不可与自己相比，自己是功盖天地。"王"这个称号已不能表示自己的身份和意愿了。为向天下人显示自己独一无二的尊贵和神圣，永远让后人记住自己的开创之功，他命令朝廷文武大臣们，为他议定一个足以震慑天下的"帝"号。最后，确定为"始皇帝"。

秦始皇虽然统一了中国，但被灭掉的六国王公贵族之中，总有心怀不满的，经常进行反秦活动，甚至要刺杀秦始皇。这成了秦始皇在进行一系列改革措施中的心病和隐患。于是，他又使出了铁腕，要把反秦火种扑灭。秦兵开始在全国抓捕、追杀亡国贵族。

燕国灭亡之后，召昭公带领家人逃到祖先的原封邑召地（今河南省济源市邵原乡），隐姓埋名隐居于百姓之中，在那里过着自食其力的生活。

一天，召昭公与儿子召虎入山采摘野果以补充粮食不足，突然听到山下有兵士急速而过，他们立刻躲入山洞。几天之后，才敢下山回村观望，村中的许多房屋被烧，许多财物被抢。召昭公明白，这是在搜捕自己。他们一家马上搬入王屋山深处，隐居起来。那里的生活更艰苦，全家过着十分清贫的日子。为了掩人耳目，就想改姓以便掩人耳目。改什么呢？想了许多，总觉得不如意。召虎说，把"召"子旁边加个"阝"，就成了"邵"，"召"与"邵"相近，也不会忘记我们的祖先。召昭公同意了儿子的意见。

邵姓在贫困中诞生了。

2. 邵姓祖根

邵姓自此发展繁衍，向外迁居，世代壮大。据统计，在中国历史上，有突出贡献的大姓有100个，邵姓即是其中之一。邵姓杰出人才辈出。

插图4-10-1 青铜器食尊（济源市邵原镇邵原村出土）

济源市邵原镇邵原村是燕国祖先的封地，为邵姓的发源地。考古工作者在这里的一座商周大墓中发掘出青铜器、玉器、陶器、骨器46件（组），以及豆、壶、罐等陶器和大量的骨贝币。这件青铜器"食"尊，通高28.3厘米，口径21.8厘米，纹饰精细、造型优美，制作工艺精湛。这些出土文物对古燕国及商周的政治、军事、经济和历史文化具有极其重要实物证据的价值。

召伯虎，西周末期大臣，召公奭后裔。死后谥号穆，故称召穆公。厉王派卫巫监谤，致使国人莫敢言。他劝曰："防民之口，甚于防川。川壅而溃，伤人必多；民亦如之。是故为川者决之使导，为民者宣之使言。"厉王被逐后，他藏太子静于家，并以己子替死。后与周公共同执政，号曰"共和"。共和十四年，厉王死，与周公共立太子静，是为宣王。

邵雍，字尧夫，谥号康节，人称百源先生，范阳（今河北省涿州）人，北宋著名哲学家。一生不仕，工诗，多为闲适之作。精研周易，创立象数之学。著有《皇极经世》《伊川击壤集》等，是邵姓中最杰出的学者。

邵姓的发源地在河南省济源市。

济源，因位于济水源头而得名。济源地处河南省北部，北依太行，西踞王屋山，南临黄河三峡，东接华北大平原。济源的历史文化源远流长。古时济水与长江、黄河、淮河并称"四渎"。济源曾是夏王朝的都城。战国至两汉时，其"轵邑"官庶闻名天下。文物古迹和文化遗址遍地，为**中原著名**文化古城。这里有许多美**丽的神话传说，历代帝王将相、文人墨客游**者甚多。**诗人白居易盛赞**"济源山水好"，乾隆誉其为"**名山胜迹**"。

王屋山位于济源市西北约40公里处，主峰有斗顶山、天坛**山，海拔**1700米以上，**断崖绝壁**，群峰耸立，**山峦叠翠，泉洞**遍布。**相传轩辕黄帝曾**在此山绝**顶处设天坛祭天。**天坛之东有日**精峰**，以西有月华峰，日月相照，精华争秀。

唐代时，这里是道教活动中心，有"天下第一洞天"之称。王屋山有阳台宫、迎恩宫、紫微宫、天坛顶、王屋洞等名胜古迹，还有据"愚公移山"神话故事修造的愚公村、愚公洞、愚公井等。山下有棵高大的银杏树，其高45米、胸围9米，已有2000余岁，是国内五大银杏树之一。

济渎庙为中原现存规模最大的古建筑群之一，位于市西北2公里的庙街村北，坐落于济水发源地，是古代"四渎"唯一保存最完整、规模最大的历史文化遗产。此庙是隋代开皇年间，皇帝为祭祀济水神所建。庙平面布局呈甲子形，朱门重重，庭院深深，古柏参天，碑碣林立，绿水环绕，曲径通幽，亭台楼阁，交相生辉，不仅是古代祭祀胜地，更是典型的北方古典园林。

插图 4-10-2 济渎庙

济渎庙，全称"济渎北海庙"，为古时济水之源头，独流入海，与长江、黄河、淮河并称"四渎"。济渎庙是典型的北方古典园林，是中原河南现存最大的古建筑群落，一处保存最完整、规模最宏大的历史文化遗产，被誉为中原古代建筑的"博物馆"。济渎庙是古代祭祀胜地，自隋起，历代皇帝遣使莅临济渎庙，举行盛大的祭典活动。所以，一部济渎庙兴衰史，也是中国古代水神崇拜史的缩影。济水源头，滋养了中国第一个奴隶制王朝——夏朝的首都原城；济水贯黄河而自清，历曲折而如海的独特流向，凝铸了中华民族含贞自洁、威武不屈的高贵禀性；历代文人仕子对济水的歌咏之作，也成为中华文学宝库中永不凋零的奇葩。它见证了中国古代文明形成和发展的进程。

寻根

第五章
豫东姓氏渊源

第五章 ———— 豫东姓氏渊源

<table>
<tr><td>壹</td><td>贰</td><td>叁</td><td>肆</td><td>伍</td><td>陆</td><td>柒</td><td>捌</td><td>玖</td><td>拾</td><td>壹拾壹</td></tr>
<tr><td>先商故地宋姓</td><td>戴姓源戴国</td><td>夏邑孔姓</td><td>葛伯立葛姓</td><td>魏国魏姓</td><td>夏姓源杞国</td><td>『理』转李氏</td><td>淮阳陈姓</td><td>田姓源陈姓</td><td>太康袁姓</td><td>项子国项姓</td></tr>
</table>

先商故地宋姓

1. 微子启立国

殷商末年，纣王荒淫暴虐，滥杀无辜，六亲不认，自己的叔父忠臣比干谏言却招致挖心杀身之祸，自己的亲兄弟箕子和微子启也危在旦夕。

箕子，是纣王的庶兄，位在太师。他也多次劝谏，但都被纣王逐出。他听说比干因劝谏被纣王残杀；纣王的一位长兄因劝谏怕被杀害，也逃走了。箕子也感到自己处境危险，有人劝他赶快逃走。可箕子认为，做臣子的因进谏不听而逃，这是彰明君王之罪，而自己却取悦于民，自己不做此事。为避杀身之祸，箕子装疯卖傻，**经常弹琴唱曲**，曲折地抒发自己**心中的抑郁悲伤**。纣王看箕子的表现十分奇怪，就把他囚禁起来。直到周武王灭纣之后，他才被放出。箕子不愿为灭亡自己国家的周朝做事，跑了出去，一直北上，到了今天的朝鲜。

纣王的长兄是微子启，看到纣王的沉沦，**朝中奸**臣当道，忠臣被杀的杀，**逃的逃**，他还是忍不住向纣王劝谏，当然，他同样遭到纣王的反感。比干被害之后，他选择了逃跑。微子启和另一位大臣微仲商议，商丘是先祖王族基业之地，到那里隐居躲藏，也是对先祖的缅怀。于是他们打点好行装，悄悄溜出殷都朝歌，到了先祖居住之地商丘，藏匿于民间。

不久，周武王伐纣，攻占了朝歌，纣王自焚而亡。微子启得到消息后，赶忙回到殷都，直奔军门。他解开上衣，祖露左胸肩，用绳子捆绑周身，左手牵羊，右手握草。这种举动表示，自己虽是亡国之贵族，但来请罪，甘愿像羔羊一样驯服服从周王。周武王知其为忠良之士，非常敬佩，亲自为其解开绳索，待如上宾，说道："纣王

插图 5-1-1 宋国都城的遗址

宋国都城位于商丘市睢阳区商丘古城西南隅，是周初封微子启于宋国都城的遗址，也是我国历史上商周时期的政治、经济、文化中心之一。可惜宋城在明朝弘治十五年（公元1502年），被黄河决口淹毁。九年后，即明正德六年（公元1511年），知州杨泰在故城北面又新建了一座宏伟壮观的城，其南门正是宋城北门故址，这就是我们今天见到的归德古城。20世纪90年代，中美联合考古队对宋国都城遗址发掘，确定了城墙的方位、大小和基本结构，揭示了周代宋城、秦汉睢阳城、明弘治十五年前归德府旧城和明正德六年后现归德府城的地层关系，证明在现存的归德府城附近，上下叠压着数座城。

SERIES ON THE HISTORY
AND CULTURE OF

中原历史文化系列丛书

虽是你同胞之弟，但恶善有别，他自绝于天下，不听忠谏，罪有应得，你何罪之有？"

微子启向周武王请求，要保留商族奉祀。武王为了稳定殷商遗民，答应了微子启的请求。

公元前 1043 年周武王死，其子姬诵继位，是为周成王。成王年幼，由武王之弟周公姬旦辅政，代成王处理国事。此时发生了武庚叛乱。

周公平叛胜利后，与周成王商议，决定再次封有功之臣，微子启也在分封之列。原因是微子启在殷商遗民中有很高的威望，又顺从周王朝，得到了周朝的敬重。于是，把微子启封到原商王朝的旧都一带。这样不但满足了微子启保留商族宗祀的心愿，又能以他的威望管好殷商遗民。微子启被封为王侯，赐国号为宋，建都于商丘。在立国之日，微子启率宋国臣民齐集在商丘火神台，庄重地举行了开国庆典。在庆典上祭祀祖先，庄严宣誓，共建美好家园。

124

2. 国灭姓生

微子启辛勤操持国政，爱护百姓，倡导农耕，发展农业。宋国百业兴盛，国泰民安，国人对他更加尊敬。宋国很快成为周王朝的一个繁荣昌盛的诸侯国。此时宋国臣民要求定姓氏。按照周王朝的习俗，各诸侯国的国君，多以国为姓，卿大夫以官为姓。所以，宋国决定以国为姓，微子启成了宋氏第一人，是宋氏的祖先。

微子启所建立的宋国，历经西周、春秋、战国三个时期，共700余年，曾一度参与大国争霸，在历史上产生过较大的影响。于公元前286年，被齐国灭掉。

宋国灭亡后，国人带着国姓，向四面八方迁移，落地生根，繁衍生息，人丁兴旺，成为中华民族中的大姓，名门望族遍布海内外，历代为官从文者，载入二十五史的就有130多人。他们在政治、经济、文化、科学、军事等各方面均做出了突出成绩。

宋玉，战国时楚国的辞赋家，时为顷襄王的大夫，屈原的弟子。屈原与宋玉创作的楚辞是一种富有南方地方特色的新诗体。他讽刺楚王反省，被谗言所害，楚王把他赶出朝廷，四处漂泊，在痛苦中写了《九辩》，最后在寂寞潦倒中死去。

宋弘，汉代大臣，光武帝时征拜为太中大夫、大司空，封宣平侯。宋弘为官清正，所得俸禄皆散之于九族。其品德高尚，有一段佳话流传：光武帝的姐姐湖阳公主新寡，欲择宋弘为婿，当时宋弘已有妻室。光武帝知道宋弘直正，不敢明言，就让湖阳公主坐于屏风后，招来宋弘说："常言说，高贵的人总是改变交往的朋友，富有的人总是换妻子，这是人之常情吗？"宋弘答道："我听说贫贱之知不可忘，糟糠之妻不下堂。"光武帝一听，知道了让宋弘休妻另娶不可能，就沮丧地对湖阳公主说："此事办不成了。"

宋之问，唐代诗人，唐中宗时选为修文馆学士，与沈佺期齐名，号称"沈宋"。他的律诗格律完整，属对精密，对唐代律诗有一定的影响。

宋慈，南宋著名刑狱官，编著了世界最早的法医学专著《洗冤集录》。

宋应星，明代科学家。他总结了当时农业和手工业生产技术，写成《天工开物》一书，为中国古代科学技术之名著。

3. 寻根商丘

宋姓之源在今河南省商丘市，宋氏的寻根之地是商丘。

商丘，地处豫、鲁、苏、皖四省结合部，东临江南福地，西扼中原，北靠黄河，南襟江淮，素有"豫东门户"之称，历来为兵家逐鹿中原的必争之地。商丘为中华民族发祥地之一，简称商或宋，为六朝古都、中国历史文化名城，拥有5000余年的建城史。商丘是商人、商品、商业发源地；商丘曾是商朝的都城，被誉为"三商之源·华商之都"。商丘为六朝古都：帝喾高辛之都、夏朝少康中兴之都、商朝开国之都、周朝宋国之都、汉朝梁国之都、南宋开国之都。商丘是中国重要的古都，建都时间最早，跨度最长，**前后共历**1500多年。

商丘古城即明清时期归德府城，现存地上古城始建于明朝正德六年，距今已有500年的历史，是中国保存最为完好的古城。商丘古城由砖城、城**湖、城郭**三部分构成，**城墙**、城郭、城湖三位一体、外圆内方，成一巨大的古钱币造型，有商丘作为华夏之邦商业、商品、商文化发源地之隐喻。商丘古**城是目前世界上现存**的唯一一座集八卦城、水中城、城上城的大型古城遗址。

插图 5-1-3.1 火神台

宋国在公元前十一世纪建国，都城商丘，宋国故城遗址位于今商丘古城西南1.5公里处，其面积约相当于现存地上的商丘古城的10倍。

燧皇陵是为了纪念燧人氏的所在，相传远古时人们吃生食，茹毛饮血，多病多灾。后来人们发现雷击生火，取来烤食，但很难把火保留下来。有一位圣人从鸟啄燧木出现火花受到了启示，就折燧木枝钻木取火，并将取火的方法教给别人。从此，人们的生活进入了新阶段。于是，人们称这位圣人为"燧人氏"，奉为"三皇"之首。燧皇陵在商丘古城三里处，陵墓高大，陵前原有大殿、东西厢房、石像生、祠坊、碑、碣等。周围苍松翠柏，郁郁葱葱。这里每年都举行庙会，香火不断。来

火神台，亦称阏伯台、火星台，位于商丘古城西南1.5公里火星台村。是距今四千多年的观星台的遗址。它比东汉天文学家张衡在洛阳建的灵台还早两千二百多年，是我国现存最早的观星台。火神台形如墓，高35米，火神台台上建有阏伯庙，大殿、拜厅、钟鼓楼等俱全。台下有戏楼、大禅门等建筑。

赶庙会的人，总是带上一包土，添在陵墓上。他们认为，这样祈祷能灭灾。

北宋大中祥符二年（公元1009年），宋真宗正式赐额为"应天书院"。宋仁宗景祐元年（公元1034年），应天书院改为府学，为"应天府书院"。庆历三年（公元1043年）改为南京国子监，为北宋最高学府。随着晏殊、范仲淹等著名文学家的加入，应天书院逐渐发展为北宋最具影响力的书院，位居中国历史上四大书院之首。

传说尧任他的哥哥契为"火正"，封于商丘管理火种，并观察火星的运行，以预告灾祸和播种收割时间。太岁星卯时出叫"单阏"，甲午出叫"阏逢"，因此，又称契为"阏伯"。阏伯契死后，葬在他生前观察火星的高地上，后人称之为"阏伯台"或"火神台"。史学家论证后认为火神台是我国最早的"天文台"。火神台为圆形夯土筑成，高35米，台基周长270米。元代在台上建大殿、拜厅、禅门、钟鼓楼，台前建山门、戏楼。每年农历正月初四至初八有古庙会，谓之"朝台"，方圆数百里之内的百姓前来赶庙会，香火鼎盛。

张巡祠坐落于商丘市睢阳区商丘古城南门外，是为纪念"安史之乱"中为保卫睢阳而殉难的张巡、许远等爱国英雄而建。

八关斋位于睢阳区商丘古城南门外的古宋河畔，院内有一座造型优美的八角亭，内有座八棱石幢。石幢高3.2米，每面宽0.5米，上面有颜真卿晚年撰写的《宋州八关斋会报德记》。碑文记载了田神功在"安史之乱"中解宋州之围的事迹。唐大历七年（公元772年）四月，田神功有病累月方愈，宋州刺史徐向等为逢迎田神功，在城南开元寺设八关斋会，邀请1000僧人赴斋。石碑初称颜鲁公碑，因碑文所记是八关斋的佛事，后人便逐渐将此碑叫成八关斋了。八关斋历千余载，几度兴废，颜真卿亲自撰写的900多字的短文，题为《唐宋州八关斋会报德记》。

126

插图 5-1-3.2 壮悔堂

壮悔堂原名杂佣堂，明代户部尚书侯方域旧宅。该建筑物始建于明代，北部两层楼房为主体建筑，坐北向南，明三暗五，前出后包，砖木结构，墙为青砖灰口，顶为蓝瓦扣垄。为我国传统的硬山式建筑。东西两侧原有翡翠楼、香君楼，今已不存。

壮悔堂为中国古典名剧《桃花扇》主人公、明末四大才子之一侯方域所建，位于商丘古城内，该建筑通体显现出清代匠人高超的建筑艺术。壮悔堂庄重典雅，古色古香。五脊之上形态别致、姿势各异的奇兽独具风采。楼里门窗和格扇的镂花剔线精致。26根圆柱上龙凤浮雕栩栩如生。根根圆柱同62根横梁巧妙扣合的木质结构浑然天成，使楼的内部骨架形成一个完善的整体，即使拆去四壁，楼堂仍安然无恙，建筑技巧令人叫绝。奇妙的设计和精巧的技艺令无数能工巧匠折服。东西两侧原有翡翠楼、香君楼。

戴姓源戴国

1. 受封戴地

公元前1043年，周武王姬发亡商，夺取全国政权立周，史称西周。周王朝建后三年，太子姬诵继位，为周成王。成王年幼，其叔父周公旦辅佐。周公旦为了加强监管武庚的力度，想起了一个人选，即是姬姓王族中的姬璞，于是，就把姬璞封到殷商遗民聚居的地区戴地（今河南省商丘市民权县）。

姬璞去戴地就封，临行前周公旦特别交代他，那里形势不容乐观，"三监"疑我有篡位之心，产生不满；武庚也在领殷商遗民习武练兵。到封地后要严密监视形势发展，若发现异常，立即报告。姬璞带着维稳重任到了封地，当即宣布建立戴国。姬璞勤政爱民，发展农业，戴国逐渐强大。就在此时，发生了武庚叛乱，姬璞得到消息，派人火速报告到都城镐京。

周公旦亲率大军平叛，姬璞积极支援配合，数月激战，平定叛乱。姬璞又向周公建议，戴国与宋国很近，可以助微子启一臂之力管理商民。但商民对姬姓周王朝有敌意，为了搞好与商民的关系，将自己的"姬"姓改为"戴"姓，以更好地与商民沟通。这个提议得到周公旦的赞扬。姬璞改名"戴璞"。

从此，戴国和宋国相互来往，关系交好，戴国一片繁荣景象，百姓生活安定。戴国百姓出于对戴璞的敬重和爱戴，都以国为姓。

春秋初期，戴国实为郑国附庸。《左传·隐公十年》载，公元前713年，蔡国、卫国随从宋国伐郑，并乘机侵入戴国，一贯善谋的郑庄公，抓住这一时机，在戴国围歼了三国之师，又顺便将戴国占为己有，戴国灭亡。

2. 戴氏英杰

戴姓得姓已有 3000 年的历史，在历史的沧桑中，戴姓繁衍发展，生生不息，人丁兴旺，逐渐形成众多望族。先秦时期以前，戴姓人主要活动在中原地区，特别是汝南（今河南驻马店市汝南县）形成的望族，影响很大。秦汉时，以中原汝南为中心，向皖、苏、浙、鲁、冀等地迁播，逐步向江南各地发展。三国两晋南北朝时期，戴姓在长江三角洲地区广为分布，并向西散播到湖北等地。唐朝时期，戴姓在华北、西北、四川等地有定居点，中原几次南下移民潮中，戴姓进入福建、广东等地区，清初进入台湾省。

戴姓人在各地落地生根，为中华文明发展做出贡献，涌现了许多杰出人物。

戴德、戴圣叔侄二人为西汉时梁（今河南省商丘）人，家族显赫。二人是今文礼学"大戴学"和"小戴学"的开创者，在礼学上贡献重大，后人尊称为"儒宗"。选集古代各种有关礼仪的论述，分别编成《大戴礼记》和《小戴礼记》。

戴逵，东晋学者、画家、雕塑家，字安道，谯郡铚县（今安徽宿州）人。他反对佛教的因果报应说，著有《释疑论》。他曾为会稽山灵宝寺作木雕无量佛及协侍菩萨，又为瓦棺寺塑《五世佛》，和顾恺之的壁画《维摩诘像》、狮子国（斯里兰卡）送来的玉佛在当时并称"三绝"。所画人物、山水也别具一格。

戴叔伦，唐代诗人，曾任新城令、东阳令、抚州刺史、容管经略使等职。晚年上表自请为道士。其诗多表现隐逸生活和闲适情调。

戴嵩，唐代画家，擅画田家、川原之景，写山泽水牛尤为著名，与韩滉画马齐名，世称"韩马戴牛"。

戴良，元代诗人，字叔能，号九灵山人，浦江（今属浙江诸暨）人。曾任淮南江北等处行中书省儒学提举。后至吴中，依张士诚。又复泛海至登莱，拟归元军。元亡，隐居四明山。洪武十五年，明太祖召至京师，欲与之官，托病固辞，致因忤逆太祖意入狱。待罪之日，作书告别亲旧，仍以忠孝大节为语。次年，卒于狱中。

戴震，清代学者，思想家，字东原，安徽休宁人。他博闻强记，对天文、数学、历史、地理都有研究。他精通古音，立韵类正转旁转之例，创古音九类二十五部之说及阴、阳、入对转的理论，对经学、语言学有重大贡献，为一代考据大师。

戴煦，清代数学家，字鄂士，号鹤墅，又号仲乙。浙江钱塘（今杭州）人。与项名达同时研究三角函数的幂级数展开式和椭圆求周等问题，并代项氏续成遗著。他的代表作有《对数简法》等四种九卷，合刊成《求表捷术》。得出了指数为任意

128

插图 5-2-2 雪夜访戴图（明代夏葵绘制）

此图描绘《世说新语》一则故事：东晋山阴（今绍兴）王徽之，王羲之第五子，书法家。大雪之夜醒来，饮酒咏诗，忽想起友人戴逵，即连夜乘小舟往剡县造访。一夜水路，至戴家门前，不进门却原路返回。人问其故，答曰："吾本乘兴而来行，兴尽而返，何必见戴！"卓荦放诞，清高自恃之态毕现。夏葵，字廷晖，明代画家，活动在公元 1405—1435 年前后。

实数的二项展开式、对数展开式及三角函数对数展开式，并用来计算对数表。还著有《四元玉鉴细草》等。戴煦在研究无穷级数时发现了"开方求对数"的简便方法，并在此基础上补充了"定理级对数"和"自然对数级数术"两项定理，比当时世界上的先进算法要简单实用得多。

3. 寻根民权

姬璞为戴姓第一人，是戴姓祖先。戴璞为东周时诸侯国戴国（今河南省商丘市民权县）开国之君，故戴姓人的寻根地是河南省商丘市民权县。

近代语言学家杨伯峻《春秋左传注》记载："今河南省民权县东而稍北 45 里，离宋都 60 里，当即古戴国之地。"新中国成立后，古戴国版图包括今民权县全境，兰考县大部和杞县东北一隅。

民权，地处豫东，在华北平原中南部，黄河大冲积扇南侧，黄河故道经过县境东北部，古为富庶之域。民权历史渊源流长，周朝春秋时代，为戴国和宋国的属地，中原百国诸侯国之一，东临宋国，西邻郑国。民权古代文化灿烂，中国古代思想家、哲学家庄周故里，中州佛教名刹白云寺，南朝文学家

插图 5-2-3 庄周梦蝶图（元代刘贯道绘制）

此图取材于"庄周梦蝶"典故：庄周梦中化蝶，梦醒后蝶复化己，表达真实与虚幻丰富的人生哲学思考，浪漫的思想情感。画面中在炎夏树荫之下，庄周袒胸仰卧石榻，鼾声醉人，其上一对蝴蝶翩然而乐。生动形象地表现出超然物我，顺应自然的境界。刘贯道，字仲贤，生卒不详，约活动于 13 世纪。至元十六年（公元 1279 年），画真金太子像，得元世祖忽必烈的赏识，补御衣使，遂为官廷画家。善画人物、道释、山水、花竹、鸟兽，作画用笔凝练坚实，造型准确，形象生动传神。

江淹墓地，春秋齐桓公两会诸侯的会盟台"葵丘会盟台"等名胜古迹，峥嵘千古。

庄周故居，坐落民权。庄子，名周，战国时期伟大的思想家、哲学家、文学家，是先秦道家学派主要创立者之一，著有《庄子》一书。道教兴起后，庄周被尊为南华真人，《庄子》被尊为《南华真经》。他的哲学思想，以"清静无为"为主，鄙视富贵利禄，否认鬼神存在，思想具有一定的辩证因素。他的文章想象丰富，辞藻华丽，富有浪漫主义色彩和幽默气氛，是先秦诸子哲理政论中文学艺术因素最为浓郁的篇章，对后世影响极大。民权县的顺河乡青莲寺村有一古巷，人称庄子胡同，为庄子故居。庄子胡同东南隅，有一古井，叫"庄子井"，传为庄子生活、炼丹汲水处。青莲寺村南五公里，老颜集乡唐庄村东，有庄子墓，墓前立有清乾隆五十四年（公元 1789 年）重修庄子墓时所立墓碑一通。

南朝著名文学家江淹，历仕三朝。济阳考城（今河南民权）人，故里在今民权县程庄镇江集村。江淹墓在民权县北 15 公里，李堂乡岳庄西。墓高约 1.3 米，周长 8 米。墓前有石碑一通，为明成化年间所立。陵园内有一砖坊，两边各有石碑，记载

江淹生平及江氏后代重修碑记和名录。

　　葵丘台遗址在民权县城东17.5公里的黄河故道北岸，面积300平方米，高2米，三面环水，林木葱郁。《左传》《史记》等史书中，均有记载。齐桓公，春秋五霸之一。公元前651年曾两次在葵丘与鲁、卫、郑、许、曹等国相会结盟。各参与诸侯国协商规定：不可堵塞水源；不能阻碍各地粮食流通；不可改换嫡子；不可随便杀死大夫；要尊贤育才；不能世袭官职；同盟国都要团结，有仇怨的要言归于好等等。各诸侯国在葵丘会盟的主旨，在于和平修好，让各国人民休养生息、发展经济。葵丘会盟不同于通常的战争之盟，因此，在历史上是著名的大事件。由于在此结盟，各国人民安居乐业，经济、文化等各方面得到较快发展，一度成为太平盛世。

130

二

夏邑孔姓

1. 双姓改单姓

　　自微子启建立宋国后，传至第十代君主宋穆公时，有一大司马叫孔父嘉，总领兵权，战功卓著。宋穆公病死后，传位于兄之子与夷，是为宋殇公。此时已是东周时代，各国争霸愈演愈烈。宋国与周边邻国连年争战，连任的大司马孔父嘉一直带兵出战，备受宋殇公器重。其实孔父嘉是反战、厌战的，出战实属不得已而为之。

　　在宋国，鼓吹战争的是掌握大权的太宰华督，他好战，嫉恨厌战的孔父嘉。但是，他为了置孔父嘉于死地，反而把好战的罪名强加给孔父嘉，以引起国人对孔父嘉的愤怒。宋国人民深受连年征战之苦，自然把怒火烧到孔父嘉身上。

　　太宰华督依仗权势，无恶不作，是个好色之徒，看到美色女子，绝不放过。在一个明媚的春日，太宰华督春游，碰见一美女，色眼直视，色欲顿起。再仔细一看，女子身旁有孔父嘉陪伴。原来这是大司马孔父嘉带领夫人姜氏、儿子木金父出来游玩。那位美艳女子就是姜氏。孔父嘉一家人看到华督，赶忙走开，免生麻烦。但麻烦不惹

插图5-3-1 华父督画像
华督，字华父，名督，故称华父督。华父督霸占同僚孔父嘉之妻，杀国君宋殇公，背负了两千多年的骂名。可有人认为，宋殇公违背道义，为了达到"除君害"的目的，在位10年11次向郑国发动战争，民不堪负。而孔父嘉身为托孤大臣，受遗命辅佐宋殇公，却没有起到顾命大臣的作用，而为殇公的嗜杀好战助纣为虐。华父督深知战争给人民带来的伤痛，致力制止了战争的蔓延，之后执掌宋国行政30年，其功过一目了然。也许站在这个立场上，画像作者创造了一位慈眉善目的华父督形象。

自来了。华督回到家中，对姜氏的美貌难以忘怀，昼思夜想，寝食不安，想占为己有，又苦无良机。

大司马孔父嘉带兵有方，关心百姓，礼贤下士，深受国人的爱戴。他经常巡察民情，了解民间疾苦。一天，他又外出巡视去了，华督一听顿觉天赐良机，立即带人强行闯进大司马府第，公然调戏姜夫人。姜夫人怒火满腔，大骂华督，华督灰溜溜地走了，但更激起了他对孔家的仇恨。他回到家中贼心不死，色胆包天。一天他又带人到孔父嘉府前，无理大骂孔父嘉发动战争之罪。孔父嘉不知是计，出来分辩，却被华督暗中布置的杀手刺死。孔父嘉被害，夫人姜氏急忙把小儿木金父拉住，交给家奴，让他们逃走避难。

果然，华督率领兵丁，闯入孔父嘉府中，要霸占姜夫人。姜夫人早有准备，见华督一伙来到府中，从屋中走出，手握宝剑，怒目而视，大声怒斥，声言若要再逼，必与其同归于尽。华督立即喝退左右，又好言劝说。姜夫人不从，大骂不止。华督凶相毕露，命令士兵上前，强行抓住姜夫人，抢回自己府中。姜夫人被绑架到华督府中，仍不屈从，软硬不吃。夜晚便悬梁自尽。

再说姜夫人小儿木金父，在家奴的护卫下，逃到了孔父嘉的封邑夏邑（今河南省商丘市夏邑县）躲避起来。从此，木金父就在夏邑生活，逐渐长大。但木金父时常怀念父母，为了不让子孙后代忘祖，把"孔父"之复姓，改为姓"孔"。

木金父改姓之后，安居下来，繁衍生息。为躲避宋国战乱，木金父的孙子孔防叔，带着全家人移居于鲁国（今山东省），孔家成了中原移民。

2. 孔氏名人

孔姓人在鲁国（今山东省）发展壮大，名人不断涌现，其中最有名的是孔子。

孔子名丘，字仲尼，是孔防叔的孙子叔梁纥的儿子，是叔梁纥60岁时与新娶的小妾颜氏所生。孔丘不到3岁时，父死家破。母亲颜氏没有分得家产，与儿子孔丘相依为命，备受孔家人的歧视。孔丘在贫寒的单亲生活中，苦度童年。

家境的苦难，使孔丘过早地接触了社会，做过多种底层百姓做的事情。成人后，他当过佣工、保管员，也从中学了些礼仪，同时又读书习文。长到17岁，其才能已享誉乡里。30岁开

插图5-3-2孔子画像（南宋马远绘制）

此图孔子身着长袍，拱手而立，沉静肃穆，若有所思，神情十分生动。全图用秃笔写衣纹，简练概括，线条劲拔，寥寥数笔，形神毕现，设色浅淡，韵味高雅。马远的绘画成就以山水画最高，画人物不甘于以前的程式。他突破前人窠臼，敢于大胆剪裁，删繁就简，运用人物身段、神态来刻画人物的形神，达到了简洁生动的美术效果，从此图中可见一斑。

始收徒讲学。孔丘经过长期的学习、思考和研究，逐渐形成了自己的一套完整的社会改良方案。他吸收《易经》中"和"的思想，注入"仁爱"的内核，把尊卑有序、上下有节的周礼，作为自己的言行和教育准则。35岁时，他踏上了从政之路。

孔丘的理想社会是"至善"。但他匡世济民的政治主张，在各诸侯争霸中行不通，处处受到排斥与非难，甚至追杀。

孔丘十年从政，十年游说，十年流荡，"明知不可为而为之"，且坚持不懈。68岁时，他又回到了离开20年的家乡，谢绝出仕，潜心研究整理传统典籍，兴学育人。撰《周易十翼》，编《诗经》《尚书》等五经。他有弟子3000，杰出的72人，登上了"至圣先师"的尊位，人称孔圣人。

孔融，字文举，东汉曲阜人，孔子二十世孙。有俊才，为建安七子之一，汉献帝时为北海相，世称孔北海；立学校，表儒术，后拜大中大夫，为曹操所杀。

孔尚任，字聘之，又字季重，号东塘，别号岸堂，自称云亭山人。山东曲阜人，孔子六十四代孙，清初诗人、戏曲作家，代表作为《桃花扇》。时人将他与《长生殿》作者洪升并论，称"南洪北孔"。

132

3. 寻根夏邑

孔氏家族在山东兴盛，而孔姓祖根却在河南省商丘市夏邑县。夏邑县历史悠久，人文荟萃。

夏邑县位于河南省东部，沱河上游，豫、鲁、苏、皖四省交界处。这是一片古老神奇的土地，早在5000多年前的新石器时代，便有人类生息繁衍，创造了灿烂的古代文明，是黄河文化最早发源地。在"母系社会"时期，中国氏族联盟时代，伏羲女娲氏政权的第26任帝、大伏羲氏族栗陆氏执政的首任帝栗陆氏伏安（都于今舞阳县）降生于此。夏代属虞地，商代为栗邑，西周属宋国，秦置栗县，汉置栗侯国，北魏时称"下邑"。金末取"华夏之邑"意，改称"夏邑"。境内有清凉山龙山文化遗址、三里故堆、崇光寺等历史遗址，记录了先民们劳动和创造的豪情。

插图5-3-3孔子还乡祠

孔子还乡祠位于夏邑县城北6公里王公楼村。孔子的先祖弗父何及以下六代均葬于王公楼村。孔子成人后知道了祖籍后，时常回乡祭祖省亲。后人为纪念孔子还乡，大兴土木，在祖坟处建"还乡祠"。还乡祠始建于唐初，形制仿文庙，有一壁、一坛、两殿、四门及碑林等。宋真宗时，孔子四十五代孙孔良辅、孔彦辅由曲阜到此定居，并修复扩建还乡祠。金代，在大成殿前立杏坛碑一尊。清道光元年，增建崇圣祠。

启的即位，打破了禅让制，成了历史上王位世袭继承制的开端。启使夏朝走上了鼎盛时期。启死后，继承王位的太康在东夷族的进攻下丧失了权力，有穷氏的首领后羿乘机夺取了政权。直至后羿被他的大臣寒浞所杀，相之子少康逃到纶，得到有虞氏的帮助，组织夏的旧部，积蓄力量，乘寒浞内部混乱之时，出兵打败了寒浞父子的力量，夺回了政权，才恢复了夏王朝的统治，史称"少康中兴"。少康夏邑，就是今河南省商丘市夏邑县。少康在位 21 年，病死，葬于阳夏（今河南省周口市太康县）。

在夏邑县城北 7 公里处。据史书记载，孔子的祖先是宋国（今河南省商丘）人，后因宋国内乱，逃亡鲁国，遂成为鲁人。孔子多位先祖均葬于栗，因此孔子常常到栗祭祖扫墓。根据《礼经》和《孔子家语》记载，孔子年轻时曾多次回故里宋国考察殷礼。孔子 58 岁又来到宋国，后人为纪念孔子还乡，于是建还乡祠。

四

葛伯立葛姓

1. 葛伯丧国

远古五帝之一的帝喾，有一个次妃叫简狄。有一年春分时节，简狄随帝喾到郊外拜祀主管生育儿女之神，看到每年春分必到的玄鸟。玄鸟即燕子，因其羽毛青色，故而得名。

简狄拜神之后，与两个妹妹到河中洗澡。这时，一只玄鸟飞过，生下一个小巧玲珑五色花纹的鸟蛋。姐妹三人都去抢鸟蛋，最后被眼疾手快的简狄夺到手。她出于好奇，将蛋含于口中，却不小心吞入肚里。从此，简狄怀孕，几个月后，分娩时难产，剖腹生一男孩，取名叫契。

契长大后，帮助大禹治水，任劳任怨，立功受赏。他又帮助尧帝和舜帝治理国家，勤恳踏实，成绩显著。因此被封到商地（今河南省商丘）。从此，一个新的部族出现了，这就是商族，契为商之始祖。

商部落自第一任首领契开始，传位 14 代到了汤。据说汤

插图 5-4-1 葛国故城遗址
遗址位于河南省商丘市宁陵县石桥镇西北葛伯屯村，村西北角杨树林内有石碑一块，上书"葛城遗址"。这里只是地面稍高出平地，无建筑物。然而，经过 4000 多年的风雨沧桑，由于黄河泛滥不断淤积，葛国地表上的建筑已经深深地淤积在地下。

出生时，他的母亲看到一股气贯穿日月。生下汤，起名叫履，后改为汤。汤长大后继部落首领之位，王都在亳（今河南省商丘市东南）。商部落在他的领导之下，逐步壮大。商部落的族居之地，迁动有 8 次之多。

商汤崛起夏朝衰落，最终商灭了夏。

商汤有一位十分特殊的重臣，叫伊尹，辅佐商汤。伊尹建议，灭夏必先灭其诸侯国。于是选择的第一个攻伐对象是葛国。

葛国，赢姓诸侯国，都城在葛地（今河南省商丘市宁陵县石桥镇西北葛伯屯）。葛国是个很另类的诸侯国，据说葛国的国君葛伯好吃懒做，昏庸无能，不理国事，只知搜刮百姓，连祭祀天地鬼神的大事，也懒得去做。

早些时候，汤原曾想扶持葛国，做点投资之类的事，帮它发展，意欲成为盟友，助己攻夏。汤派人送去牛羊，让葛伯用以祭祀，祭祀天神，祭祀先人，是很重要的大礼。但葛伯将汤送来的牛羊全部杀掉，大吃大喝起来。汤又送去酒和饭让其祭祀，但葛伯只顾享用，懒于祭祀。汤派人帮葛伯种庄稼，派老人和孩子给种田人送饭，但葛伯却派人抢老人和小孩手中的饭食，甚至杀死送饭者。

汤认为葛伯不但可恨，还无药可救。所以，决定先灭之。汤向葛国出兵，葛国毫无还手之力，成了汤灭夏的第一个战利品。葛国百姓早就恨透了葛伯的暴虐无道，所以，他们对汤灭葛无不拍手称快。

葛国被灭，葛伯对自己治国无作为深有悔意，并要求臣民，不管流亡到什么地方，都要以自己的国家作姓，葛伯逃到邻国韦国。不久，韦国和顾国、昆吾国、戎国等小诸侯国，也被汤灭掉，葛伯又继续逃亡。

2. 葛姓传人

汤亡葛不久，灭了夏朝，夺了政权，建立商朝。葛国虽亡，国人以葛为姓。葛姓人播散各地，不断繁衍发展，为当地做出了贡献，并涌现出一些卓有成就的杰出人物。

葛洪，东晋道教理论家、医学家、炼丹术家，自号抱朴子。他少年时就爱好神仙导养法，曾从师学炼丹术。在朝为官，赐爵关内侯。后曾带儿子到广州，在罗浮山炼丹。他对化学、医学均有研究，著有《金匮药方》，内容有各科医学，其中对天花、恙虫病等病的阐述为世界最早的记载。《抱朴子》一书，内篇20卷，从宇宙观、本体论的角度论证了神仙长生的思想，总结了战国以来道教名流的理论。

葛荣，北魏末年参加各族人民起义，被推为天子建齐国，号为广安。后战败被俘，死于洛阳。

葛云飞，清道光年间将领，时任浙江定海镇总兵。在1841年英军侵犯定海时，他与敌血战六昼夜，英勇战死，在中国人民抗击侵略者的历史上写下了可歌可泣的一页。

葛姓的祖先出自河南省商丘市宁陵县，故葛姓人寻根必然到宁陵。

宁陵县历史文化悠久，有四千多年的文明史。上古时，葛天氏部族在这片土地上生息，创造了人类的早期文明。葛天氏是我国音乐、舞蹈、剧目、建筑、纺织和养生的人文始祖。夏、商、西周，宁陵为葛伯国。春秋，称沙随国；战国，为信陵君、宁陵君封地。秦谓宁陵城，西汉置宁陵县。葛天乐舞、葛伯仇饷、沙随会盟、汋陵之战、信陵连横、宁陵约降、曹操起兵等历史典故和重大事件均发生于此。三国时的曹操部将典韦，宋末思想家程迥、吕坤等均为宁陵人。

魏国魏姓

1. 魏国兴亡事

　　黄帝的裔孙周文王姬昌兴周，其子周武王灭商建西周后，大封诸侯。周文王姬昌第十五子高，封于毕（今陕西省长安、咸阳北），称为毕公高，并建立毕国，为公爵。周朝初年，周王室对毕国十分重视，周文王姬昌的陵墓在此，周武王姬发和周公姬旦逝世后，均葬在这里。春秋时代，毕国被西戎灭掉，毕公高的裔孙毕万，投奔到晋国，做了晋献公的大夫。

插图 5-5-1 开封大梁门

战国魏国都城大梁城的城墙，与今开封的城墙部分相重合，稍偏西北。其城门始建于唐建中二年（公元 781 年），俗称"西门"。明初，朱元璋升开封陪都，西门改称为"大梁门"。公元 960 年，北宋定都开封，城郭由外城、内城、皇城三座城池相套，后几经战火、水患，一代名城逐渐湮没于历史长河。今开封城墙系清道光二十二年（公元 1842年）重建，今大梁门系重建，城门基座青砖结构，三个拱形门洞，城楼重檐歇山式，雕梁彩绘，古朴典雅，雄伟壮观。

毕万办事精明，作战勇猛，在晋献公不断扩张领土的战争中，屡立战功，深得献公的赏识，就把魏地（今山西芮城）封给他作为食邑，建魏国。从此，毕万精心治理魏国，大力兴修水利，开荒种田，发展生产，一时兴旺发达，百姓安居，毕万深得国人的拥戴。

晋献公二十一年，献公的儿子重耳被人诬陷毒死太子申生，献公下令捉拿。重耳闻讯带领一班贤臣出逃，毕万的孙子魏武子也跟随着重耳逃跑。此时，晋国大乱，不久献公死去。

晋公子重耳成了亡命公子，他带领人马躲避追杀，一路向东，挨饿受辱，流浪于齐、宋、曹、楚等各诸侯国之间。

魏武子素来对重耳就十分敬重，重耳亡命途中，魏武子跟随前后，护卫左右。重耳饥饿，他讨饭找水；重耳寒冷，他披衣挡风；重耳遇险，他挺身保卫；重耳受辱，他百般安慰。重耳深为感动，视为患难之交，发誓返国复权，必重赏魏武子。

重耳一行艰难跋涉到了楚国，楚王见其气宇不凡，厚礼接待。后来魏武子靠祖父与秦穆公的交情，把重耳引荐给秦穆公。秦穆公对重耳的为人有所了解，并且对现在掌权的晋惠公背信弃义大为不满，所以对重耳十分热情。秦穆公喜欢上了重耳，欲把富有才华的美貌女儿怀嬴许配给重耳。然而，这时的重耳已61岁了，况且尚在落难之中，有点难以接受秦穆公的美意。但他又考虑到为了能借秦国之助返晋归位，应该与秦国建立良好的关系。现在秦王主动联姻，机会难得，于是就答应了这桩婚事，史称"秦晋之好"。秦晋结好后，秦穆公对这个女婿更加热情，三日一小宴，五日一大宴，亲如家人。

重耳在秦国日有美食享用，夜有娇妻相拥，而自己的祖国正在动乱，心中时有不安。时晋惠公病重，他在秦国做人质的姬圉得知后，担心会改立其他兄弟为太子，遂逃回晋国继位，是为晋怀公。晋怀公上台后，君臣矛盾尖锐，内乱又起。

秦穆公对姬圉背秦逃回晋国，十分生气，急欲帮助爱婿重耳回国夺下王位。于是秦穆公乘晋国内乱，出兵四百乘护送重耳归国。秦军直捣晋国都城，里应外合攻占了都城，晋怀公外逃被追杀。重耳43岁时出逃，在外流浪近20年，归晋时已62岁，被立为国君，是为晋文公。

重耳即位的翌日，即召有恩于己的魏武子，热情让座，深表感激之情。自此，魏武子深得晋文公重耳的重用，并把魏武子的封地扩大，魏家世代为晋国公卿大夫，发展成为名门望族。

晋王传位至晋哀公时，国力衰退，大权旁落。到晋昭公时，晋国由魏桓子、赵襄子、韩襄子三公卿瓜分了，分别立魏、赵、韩三国，史称"三国分晋"。

魏氏家族分晋建国后，魏桓子去世，其子继位，即魏文侯。周天子威烈王时，正式赐封，魏国成为名正言顺的诸侯国。自此，魏国大力发展经济，任用李悝推行变法改革，推崇西门豹治邺的业绩，国力逐渐强大，成为战国七雄之一。公元前361年，魏惠王看上了地沃的中原，开始向中原推进，把国都从安邑（今山西夏县）迁移到大梁（今河南开封市）。在战国七雄争霸中，魏国受到赵国、齐国、秦国的打击，国势削弱，渐渐失去了称霸能力。终于，历经178年的魏国被秦国所灭。

2. 魏姓名人

魏国亡国后，其王公贵族仍以国为姓，以大梁为中心，向外迁播，在各地各业中，为中华文明的进步做出了贡献，成绩杰出的人物载入了史册。

魏无忌是战国时魏国信陵君，著名的战国四君子之首，他是魏国第六个国君魏安釐王魏圉的异母弟。魏国自梁惠王魏罃时的马陵惨败后，国势衰落，江河日下，而西邻秦国经商鞅变法、张仪略地，在列国中突起，尽显兼并六国之势，没有一个国家敢真正抗御秦国。魏国毗邻秦国，受秦害较深。魏无忌处于魏国走向衰落之时，他效仿孟尝君田文、平原君赵胜的辅政方法，延揽食客，养士数千人，自成势力。他礼贤下士、急人之困，曾在军事上两度击败秦军，分别挽救了赵国和魏国危局。但他屡遭魏安釐王猜忌而未能予以重任。公元前243年信陵君因伤于酒色而死，18年后魏国被秦所灭。

魏延，三国时蜀汉名将，官至西行大将军。

魏征，唐朝政治家，唐太宗时名臣，曾任谏议大夫、左光禄大夫，封郑国公，敢于犯颜直谏，深受皇帝信任。他有治国安邦之才能，前后谏议200多件大事，唐太宗多予采纳，是中国史上最负盛名的谏臣。

魏源，清末思想家、史学家、文学家，有《海国图志》传世，是最早放眼看世界的杰出人物之一。

3. 文化积淀

魏国曾以今河南省开封为都城，魏姓以此向外迁播，因此，海内外魏姓华人寻根要到开封。

开封古称大梁、汴梁、东京、汴京，位于河南省东部，是我国八大古都之一。历史上曾有魏、梁、晋、汉、周、宋、金等七个王朝建都于此，史称七朝古都。再加上西汉时的梁国、后宋和明朝又称十朝古都。特别是北宋，在此历经九帝168年，繁荣达到鼎盛，史书曾以"八荒草凑，万国咸通"来描述其盛况。北宋时的东京开封，是当时世界上最繁华、面积最大、人口最多的大都市。城市格局形成较早，古城风貌浓郁，北方水城独特，集中体现了

插图5-5-3 开封繁塔

繁塔是开封市现存最古老的地上建筑。建于北宋开宝七年（公元974年），三层大塔上面，又有一个六层小塔，整座塔高36.7米。这种独特的造型，明初周王朱橚图谋不轨，要"铲王气"，铲去上部只留三层，后又修六小塔。繁塔用不同的加釉灰色方砖砌。每砖一尺，有释迦牟尼、文殊、普贤、十二臂观音、十六罗汉等图像，一砖一像，形象鲜明、相貌迥异。

古城悠久的历史传统与丰富的文化内涵。

开封历史文化积淀深厚，文物遗存丰富，名胜古迹遍布。

龙亭位于开封城内西北隅，南与宋都御街相接，是包括午门、玉带桥、朝门、照壁、朝房、龙亭、北宋皇宫宸拱门遗址、碑亭、北门等规模很大的建筑群体。

铁塔位于城区的东北隅，它建于公元 1049 年，素有"天下第一塔"的美称。铁塔高 55.88 米，八角十三层，因此地曾为开宝寺，有"开宝寺塔"之称。

禹王台坐落于开封城墙外东南部。这里风景优美，环境幽雅，自古以来就是人们游春登高的胜地。相传春秋时期，晋国盲人乐师师旷常在此吹奏古乐，故名"吹台"。

延庆观为全真教徒受丘处机遗命历时近三十年而重修，名重阳观。重阳观规模宏伟，殿宇壮丽，元帝赐名"大朝元万寿宫"。元末又毁于兵火，仅存斋堂一座。明洪武元年（公元 1373 年），更名延庆观。

大相国寺位于开封市中心，是中国著名的佛教寺院。它始建于北齐天保六年（公元 555 年）。传说中，原为战国魏公子信陵君的宅院。后来寺院毁于战火，唐景云二年（公元 711 年）重建。

繁塔位于开封城外东南 1.5 公里的高台上。传说这座高台附近在很早以前居住过姓繁的人家，所以人们称这个高台为繁台，因塔建在繁台上，故称繁（读薄）塔。每年春天，繁台上桃李争春，百花吐艳，绿树繁茂，殿宇峥嵘，人们春游赏花，烧香拜佛，饮酒赋诗，称"繁塔春色"。

夏姓源杞国

1. 国破家亡以夏为姓

据《史记·夏本纪》记载，相传帝尧时，鲧的妻子有莘氏女志因梦里吃了薏苡而生禹，帝尧便赐禹以姒为姓。后来，大禹成功地治理了水患，为了表彰大禹的丰功伟绩，舜帝封他于夏（今河南省郑州市登封），后来把帝位也传给了他。禹建立了中国历史上第一个奴隶制国家夏王朝。夏王朝共传 13 代，终被商汤推翻，建立了商王朝。商王朝被周武王灭掉，建立周朝。公元前 11 世纪周朝初年分封诸侯，夏禹的后裔东楼公受封于杞（今河南省开封市杞县），建杞国，为杞侯。

杞国发展到简公时，正是春秋争霸的时代，各诸侯互相征伐，战争频繁。那些弱小的国家随时有被强国灭亡的危险。杞国就在这种相互吞并的夹缝之中，小心谨

慎地度日。杞国面临最大的威胁，就是强盛的楚国。楚国野心勃勃，要称霸中原。它越过大别山，进入中原，凭借强大的军事力量，先后吞并多个诸侯国。此时，相连的鲁、宋、杞三国，也成了楚国攻打的目标，而杞国首当其冲，形势危急。

杞简公急忙采取措施，决定与唇齿相依的宋国和鲁国结成联盟，共同抗楚。三国君主会盟于鲁国都城，经过商议，达成共识，约定不论何国受到攻击，其他国就派援兵相助；若失利，他国必接受安置逃难者。

不久，楚国果然采取了军事行动，矛头直指杞国。杞简公立即组织国人抵抗，鲁国和宋国也如约派兵支援，与杞军组成联军抗楚。但是，三国联军终不能抵挡强楚之攻势。在激战中，杞国都城将被包围。杞简公看到危亡之势，急忙为家人及王公贵族谋划后路。他把夫人和儿子交给弟弟佗，让佗带领他们和族人向鲁国逃去。

佗带领众人冲出都城，翻山越岭，艰苦跋涉，忍饥挨饿，不敢停歇，终于逃到宋国，在宋稍作休息，继续向鲁国逃去。到了鲁国，鲁哀公看在他是夏禹后裔的份上，收留了他们，并赐予田地，给他一席之地作为采地称侯，称为夏侯（复姓），在鲁国定居下来。

杞国，已被楚国灭亡，国君杞简公在激战中死去。佗等人得到消息，悲愤万分，为纪念简公，不忘简公遗训，都以先祖之国号夏为姓。

插图 5-6-3 杞县大云寺塔

大云寺塔为砖筑七级八角仿木结构，青砖叠砌，层层出檐，逐层内收，榫卯相扣，严密坚实。从第一层到第六层塔身内外壁共嵌砖雕佛像400余尊，镶嵌小佛像形象生动，现存佛像砖40多块，其余大部已毁。塔下部三层内部有塔心室，以上为实心。原高21米，现高19.3米。此塔古朴大方，造型独特。

2. 夏姓先人

夏姓自春秋诞生后，根在中原开封市杞县，移居鲁国，向四处传播繁衍，所到之处，发展壮大，形成望族，出现了许多杰出人物。

夏贺良，西汉重平（今河北吴桥南）人。汉哀帝时，任待诏。他对汉哀帝说，汉家气运已衰，需要改元易号。汉哀帝采纳了他的建议。汉朝以建平二年（公元前5年）为太初元年，汉哀帝自号为"陈圣刘太平皇帝"，企图借此挽救西汉垂危的统治。不久，夏贺良以"反道惑众"罪，被杀。

夏恭，东汉光武帝时备受人敬仰的学者。依据史籍记载夏恭是当时最负盛名的易学教授，曾经教授生徒达100余人，可谓桃李满天下。

夏圭，南宋杰出的画家，画院待诏。早年工人物画，后来以山水画著称。他的山水画师法李唐，又吸取范宽、米芾、米友仁的长处而形成自己的个人风格。喜用秃笔，下笔较重，因而更加老苍雄放。用墨善于调节水分，因而取得更为淋漓滋润的效果。在山石的皴法上，常先用水笔淡墨扫染，然后趁湿用浓墨皴，造成水墨浑融的特殊效果，被称作拖泥带水皴。夏圭画法受佛教禅宗影响，笔简意远，遣貌取神。画风洒脱，用秃笔带水作大斧劈皴，构图多作半边或一角之景，时称"夏半边"。传世作品有《溪山清远图》卷、《西湖柳艇图》轴，均辑入《故宫名画三百种》；《遥岑烟霭图》，现藏故宫博物院。

夏竦，北宋大臣，古文字学家、文学家。初谥号"文正"，后改谥号为"文庄"。夏竦以文学起家，曾为国史编修官，也曾任多地官员，宋真宗时为襄州知州，宋仁宗时为洪州知州，后任陕西经略、安抚、招讨使等职。由于夏竦对文学的造诣很深，所以他的很多作品都流传于后世。

插图 5-6-2 溪山清远图局部（南宋夏圭绘）

夏圭，南宋画家。其画风格构图简括深远，笔墨峻峭爽利，擅用"斧劈皴"。此图描绘的是江南晴日江湖两岸的景色，山冈巨石，危岩壁立，丛林茂树，山寺楼观，远山朦胧，江水辽阔，江山之景无尽。画卷构图虚实相间、开合有致，全无拖沓拼凑之感。图中点景人物虽用笔寥寥，但各具动态，相互呼应。整体画风清劲，空旷的构图，简括的用笔，淡雅的墨色，极其优美地营造了一幅清净旷远的湖光山色。全图洋洋洒洒近九米之长，堪称南宋传世作品中的鸿篇巨制。

夏昶，明代著名画家。他不仅善绘画，而且善书能诗；其诗词清丽，书工正楷，其画擅长写竹石，当时推为第一，有传"仲昭一个竹，江南十锭金"。宋代以后，是夏姓在文学领域里最为光辉的时期。

夏完淳，明末著名诗人，7岁能诗文。14岁从父及陈子龙参加抗清活动。鲁王监国授中书舍人。事败被捕下狱，赋绝命诗，遗母与妻，临刑神色不变，牺牲时仅17岁，是著名的民族英雄。著有《南冠草》《续幸存录》等。

夏敬渠，清代小说家，崇信程朱理学。好学，通经史，旁及诸子百家、礼乐兵刑、天文算数之学。他自负才学，一生好游，足遍四方，结交当时名公巨卿。然而科场总遭挫折，终身不得志。所著除《野叟曝言》外，还有《纲目举正》《浣玉轩诗文集》《唐诗臆解》《医学发蒙》等。

古杞国杞侯为夏姓之祖，杞国在今河南省开封市杞县，故夏姓人的寻根之地在杞县。

杞县位于河南省东部，杞县历史悠久，商朝时建立杞国，距今已有3700年的历史。杞县人杰地灵，历代名人辈出，古有商代名相伊尹、西汉刘邦著名谋士郦食其、东汉著名文学家、书法家蔡邕、女诗人蔡文姬等历史名流。

杞国虽小，但它对华夏文化的形成和传播却有很大的贡献。杞县城，古称"雍丘城"，是杞国的都城。杞在这里立国1000余年，它在这里留下许多文化足迹。在杞县境内有众多的夏、商、周文化沉积，有竹林仰韶文化遗址、段岗龙山文化遗址、郭屯古战场遗址等众多文化遗址。在县城西南25公里处的围城旧址，是历史上著名女诗人蔡文姬的故里。还有孔庙、文昌庙、钟鼓楼、大云寺塔等历史建筑。

"理"转李氏

1. 理利贞得姓

上古时期，五帝之一的舜帝治理天下时，有一位杰出的大臣，叫皋陶。皋陶才能出众，主张治天下必强刑法的思想。舜帝任他为"大理"，这一官职是主管刑法的司法部长。皋陶任大理后，做了两件十分突出的大事，一是制订了刑法，一是公正地进行判案。传说他的嘴形像马，不但诚实可信，而且能识透人情世故，判案明白公正。他说话嗓音沙哑，但他的宣判让人口服心服，而且绝无疏漏，从无冤假错案。

传说，他有一只形似羊的独角怪兽，是皋陶办案的得力助手。这怪兽天性就知哪里有犯罪的，谁是嫌疑人。判案时，只要怪兽往大厅中一站，其独角就能把犯罪嫌疑人盯住不放。

帝舜自设置大理一职，便规定世代承袭。自从皋陶任大理后，他的后世子孙在夏朝和商朝都承袭了这个职位，那时叫"大理司寇"。商朝末年，任大理司寇的是皋陶的后裔，叫理徵。

商朝末年，王朝已处在风雨飘摇之中。商纣王在都城朝歌（今河南淇县）大造行宫，荒淫无度；滥杀忠良，奸臣当道，西戎不断犯边，王朝危机四伏。

大理司寇理徵主管刑法，看在眼里，急在心中，多次进谏，要纣王整振朝纲，特别提出要按法行事。一天，理徵又上朝进谏。他面对暴虐的纣王，首先回顾了先祖汤创业的不易，再评说商王朝的危机时局，最后斥责纣王，一旦商朝大业毁于他的手中，死后无颜见先祖。纣王被激怒了，命令卫士杀掉理徵，并悬头示众三个月。理徵的夫人契和娟得知消息，感到大祸临头，急忙带上8岁的儿子理利贞和仆人逃命。大奸臣费仲火上浇油，向纣王进谏，必欲杀之。纣王立即令他带兵追杀契和娟母子。

理徵夫人契和娟和儿子理利贞逃出都城朝歌（今河南淇县），一路向南，天又下起大雪，路途艰难，费仲紧追不舍。危急之中，一个仆人往另一方向大山里跑去，把追兵引开。仆人走后只剩下契和娟母子二人，他们一直跑到黄河边，在涛涛的波浪中，奋力渡过黄河，继续前进。他们走偏道，钻山林，顶风冒雪，饥饿难忍，只能靠野果填腹。

母子跑到伊侯之墟（今河南省洛阳市伊川县）山林之中，8岁的理利贞又饥又渴，得了疾病，身体虚弱，生命垂危。契和娟忧心如焚，她不顾危险，爬山登崖，找来水给儿子喝。他们来到树下，想找点充饥的野果，抬头一看，这是一棵李子树，树上还有点李子干果。她急忙摘下给儿子吃。儿子喝了水，吃了点李子充饥，才有所好转，是李子和水救儿子一命。

前途渺茫，来日未卜。在走投无路之中，契和娟想起在陈地（今河南周口市淮阳县）的娘家，回到娘家躲藏也许会安全些。当他们千辛万苦到了陈地，娘家人去屋空，一打听，才知奸臣费仲没抓住理徵夫人和儿子，也想到了他们必回娘家躲避。所以，费仲带领人马直奔陈地，没有发现理徵夫人和儿子，就抄了家，家中的人被赶跑，兄嫂下落不明。

契和娟怕被费仲同党发现，立即向东逃去，最后到了苦县历仁乡（今河南省周口市鹿邑县太清宫镇）。当地百姓知道了实情，非常同情这落难的母子二人，热情地帮他们安了家，这才安顿了下来。

周武王起兵灭商，改朝换代了，在安居的日子里，理徵夫人时常回忆逃命时的艰辛，为儿子理利贞在逃难路上病魔缠身而后怕，更为用李子干果救子一命而庆幸。心生一念应该感谢那几个李子！为了让儿子能记住这件事，便把"理利贞"的"理"，改为干果"李子"的"李"，于是，儿子就叫李利贞了。

李利贞成了李姓第一人。

2. 家族名人

李利贞在鹿邑繁衍发展李姓，他的儿子李昌祖还做了陈国（今河南省淮阳县）的大夫。自商末周初李姓诞生之后，从中原向外迁播，生生不息，发展很快，人口兴旺。李姓杰出人物，代代涌现，影响着历史，改变着历史。

李耳，字伯阳，外字聃，号为老子，苦县（今鹿邑）人，春秋时期中国伟大的哲学家、思想家、道家学派创始人、世界百位历史文化名人之一，是李利贞的11世孙。曾任东周管理图书典籍的官吏。在诸侯争霸中，他弃官归里，设坛讲学。后来，他欲隐居，便西去秦地。路经函谷关时，著《老子》五千言。《老子》一书，又名《道德经》，是道家学派的经典之作，对后世影响深远。

李悝，战国时著名法学家代表人物，曾任魏相，推行变法，废除特权，奖励农耕。编著了中国第一部较为完整的法典《法经》。

插图 5-7-1 涡纹玉簋（鹿邑太清宫长子口墓出土）

西周早期玉质容器，玉质浅白色，微泛青色和黄色，腹部和圈足有白色沁斑，半透明，内外抛光。造型仿青铜器，口微敛，斜折沿，方唇，腹外壁弧形，内壁上直下弧，圆底，圈足微外撇，腹内壁圆润光滑，圈足内壁留有明显的凿痕。造型端庄沉稳，腹上下饰弦纹，中部等距离分布8个浮雕圆涡纹，与妇好墓簋深腹矮圈足、纹饰繁缛相比，此簋浅腹高圆足，纹饰简练，具有明显的西周时代特征。

142

李冰，战国著名水利专家，曾任秦国蜀郡守，兴修了许多水利工程，最著名的是都江堰水利工程。

李斯，战国时秦国宰相，著名的政治家、文学家和书法家，协助秦始皇帝统一天下。秦统一之后，参与制定了法律，统一车轨、文字、度量衡制度。主张中央集权统治，焚《诗》《书》，禁私学。秦始皇死后与赵高合谋立少子胡亥为二世皇帝。后为赵高所忌，腰斩于市。

李广，中国西汉时期的名将。汉文帝十四年（公元前166年）从军击匈奴因功为中郎。景帝时，先后任北部边域七郡太守。武帝即位，召为中央宫卫尉。元光六年（公元前129年），任骁骑将军，领万余骑出雁门（今山西右玉南）击匈奴，因众寡悬殊负伤被俘。匈奴兵将其置卧于两马间，李广佯死，于途中趁隙跃起，奔马返回。后任右北平郡（今内蒙古宁城西南）太守。匈奴畏服，称之为"飞将军"，数年不敢来犯。元狩四年，漠北之战中，李广任前将军，因迷失道路，未能参战，愤愧自杀。

李春，中国隋代著名的桥梁工匠，于隋朝开皇十五年至大业初（公元595年—605年）建造了举世闻名的赵州桥，又叫安济桥。它位于今河北省赵县城南5里的洨河上，为中国现存最早的大型石拱桥，也是世界上现存最古老、跨度最长的敞肩圆弧拱桥，为中国石拱桥的卓越典范。赵州桥存世1400多年，堪称中国建筑史上的奇迹。唐代中书令张嘉贞著的《安济桥铭》中说："赵州蛟河石桥，隋匠李春之迹也，制造奇特，人不知其所以为。"赵州桥的建筑艺术和施工技巧，在中外桥梁史上令人瞩目，充分代表了中国古代劳动人民在桥梁建造方面的丰富经验和高度智慧，开创了中国桥梁建造的崭新局面，为中国桥梁技术的发展做出了巨大贡献。

李世民，唐朝第二位皇帝，庙号太宗。唐太宗不仅是著名的政治家、军事家，还是一位书法家和诗人。早年随父李渊征战天下，为大唐开国立下汗马功劳。"玄武门政变"夺权称帝后，积极听取群臣意见，努力学习文治天下，成功转型为杰出的政治家与一代明君。唐太宗开创了中国历史著名的"贞观之治"，虚心纳谏，经过主动消灭割据势力，在国内厉行俭约，使百姓休养生息，各民族融洽相处，终于使社会出现了国泰民安的局面，将中国传统农业社会推向兴盛，为后来全盛时期的开元盛世奠定了重要基础。

插图 5-7-2.1 老子图（南宋法常绘制）

老子，唐朝帝王追认为李姓始祖，世界文化名人，世界百位历史名人之一。他的朴素辩证法，主张无为而治的学说，对中国哲学发展影响深刻。道教尊为"道祖"。老子的画像数不胜数，而此图别具韵味。图中的老子鼻毛外露，有"鼻毛老子"之称。此画像中的老子招风耳、秃头、巨口、鼻毛直挂唇边，形貌虽"丑"，却丑中见美。仙风道骨，奇绝脱俗，尽得写人物画之神韵。法常，南宋画家，僧人。曾因反对奸相贾似道而遭通缉，避难于浙江。擅画龙、虎、猿、鹤、山水、人物，造型严谨，形象准确。

李商隐，字义山，号玉谿生、樊南生。晚唐诗人。原籍河内怀州（今河南沁阳），祖辈迁荥阳（今河南省郑州荥阳市）。诗作文学价值很高，他和杜牧合称"小李杜"，与温庭筠合称为"温李"，与同时期的段成式、温庭筠风格相近，且都在家族里排行 16，故并称为三十六体。在《唐诗三百首》中，李商隐的诗作占 22 首，数量位列第四。

还有唐代伟大浪漫主义诗人李白，宋代婉约派的重要代表女词人李清照，明代杰出的医学家李时珍，明末农民起义领袖李自成，晚清时代军政重臣、洋务派代表人物李鸿章等都是彪炳史册的人物。

3. 老子圣灵

至今全国汉族人李姓人口最多，约占汉族人口的 7.9%。分布在国内外的李姓人，为中华文明的进步和中国社会的发展做出了巨大贡献。海内外华人寻根必到河南省周口市鹿邑县。

鹿邑县位于黄淮大平原中国河南省的东部豫皖交界处，东临曹操、华佗故里中华药都安徽省亳州市，西接羲皇古都周口市淮阳县，北靠中国华商之都河南商丘市，南望周口市郸城县，鹿邑县古称鸣鹿、苦、真源、谷阳、仙源，元朝至元二年（公元 1265 年）改为鹿邑县，是世界著名道教鼻祖老子的出生地，也是全球公认的老子故里。2011 年 11 月，经中国民间文艺家协会组织专家实地考察论证，报中国文联审批、中宣部备案，命名河南省鹿邑县为"中国老子文化之乡"，并建立"中国老子文化研究中心"。

鹿邑县，老子文化丰富，古迹遗址很多。

太清宫位于鹿邑县城东 10 里的太清宫集，据说为老子的诞生地。据史志记载，东汉延熹八年（公元 165 年），汉桓帝刘志派中常侍管霸前来创建，始名"老子庙"。唐祖武德三年（公元 620 年），李渊为了抬高自己家族地位，认老子为祖宗，在汉

插图 5-7-2.2 赵州桥
赵州桥又称"安济桥"，坐落在河北省赵县洨河上。赵州桥始建于隋朝，由匠师李春设计建造，距今已有 1400 多年历史，虽经无数次洪水冲击、风吹雨打、冰雪风霜的侵蚀和 8 次地震的考验，却安然无恙，是当今世界上现存最早、保存最完整的古代敞肩石拱桥，开创了中国桥梁建造的崭新局面。历史上被誉为"初月出云，长虹引涧"的赵州桥，其设计构思和工艺之精巧，不仅在我国古桥中是首屈一指，而且，入选了世界纪录协会世界最早的敞肩石拱桥，创造了世界之最。像这样的敞肩拱桥，欧洲到 19 世纪中期才出现，比我国晚了 1200 多年。赵州桥高超的技术水平和不朽的艺术价值，充分显示出了我国劳动人民的智慧和力量。

代老子庙的基础上扩建,规模如京城王宫,作为皇室家庙。唐代乾封元年(公元666年),唐高宗李治追封老子为"太上玄元皇帝",并增建"紫极宫""太清楼",改庙名为"玄元庙"。到武则天光宅元年(公元684年),又册封老子母为"先天太后",在汉李母庙的基础上,扩建成洞霄宫。至玄宗李隆基时,太清宫又有增建,规模达到鼎盛,占地8顷72亩,周围40里,宫内建筑排列有序,琼楼玉宇,金碧辉煌。亲朝太清宫,为老子上尊号"大圣祖高上金阙天皇大帝",改庙名为"太清宫",亲手为五千言《道德经》作注,刻石立于太清宫。太清宫称前宫祀老子,**洞霄宫称后宫祀李母,中隔一河**,河上有桥。河名"金水",桥称"会仙"。

老君台位于老子故里鹿邑县城内东北隅,老子年轻时曾在老君台讲学,是传说中的老子得道成仙之地,故又名为升仙台。台高数丈,古柏森森,历千年而不毁。台高13米,是一座以古代大砖构筑,由14个平面围成的高坛形古建筑,状若圆柱且有棱角。抗战时期,日军炮击老君台,发射十三发炮弹,但均未爆炸,日军误以为守护军队已望风而逃,于是向鹿邑县城进发,并扑上老君台,登台一看,台上大殿安然无恙,进殿看见供奉的"太上老君"。这些烧杀抢掠的侵略者,个个张口结舌,目瞪口呆,反应过来后,便齐刷刷地跪倒在大殿门前,口中念念有词,请求"老君爷宽恕自己向老君台开炮"的罪行,保佑自己能"平安回国"。20世纪80年代初期,一位日本老人来中国后,特意提出要到老子故里"观光游览"。这位日本老人在老君台下面的东南,树一通日式"和平碑",碑文为中日文对照:"我们祝愿世界人类的和平"。然后,在随从人员的搀扶下,步履蹒跚地爬上"老君台"台顶,虔诚地跪在大殿里的老君像前,念念有词,拜了又拜。然后,他又诚恳地向陪同的中方人员再三道歉,并讲述了当年所发生的一切。他就是当年向老君台发射迫击炮弹的日军炮手。

插图5-7-3太清宫

太清宫位于河南省周口市鹿邑县城东5公里,是中国古代杰出思想家、道家派创始人老子的诞生地,旧名厉乡曲仁里。据史志记载,东汉桓帝延熹八年(公元165年)创建,始名"老子庙",后改为老子祠。唐高祖李渊为了便于对天下的统治,抬高家族地位,追认老子为始祖,于武德三年(公元620年),扩建老子祠,规模如京城王宫,作为皇室家庙。唐开元三十年(公元725年),玄宗李隆基改"紫极宫"为太清宫,至今仍沿用。

淮阳陈姓

1. 始祖胡公满

146

　　舜帝的裔孙遏父精于制陶，周文王姬昌很赏识他。遏父的儿子叫妫满，妫满品德高尚，才识过人，智勇双全，又是圣君之后，在伐纣兴周中立下奇功，周武王很器重他。周武王灭商建周后，大封有功之臣。妫满是周武王的一员爱将，武王不但加以封侯，还想把他招为女婿。于是，周武王选择吉日，为自己的爱女太姬和爱将妫满举行隆重的婚礼，婚礼上将妫满封为陈侯，把陈地（今河南省周口市淮阳县）封给他们夫妇做为采邑。妫满在陈地建立了陈国。陈国建都于宛丘（今河南省周口市淮阳县城东三里），都城周围绕以东蔡河。宛丘曾是上古伏羲太皋氏的故都。宛丘城为方形，周长九里十三丈，城墙高二丈四尺，为四门，门皆三重。绕城有土筑外郭一道，即护城堤。堤高丈许，以防水患。

　　陈地，方圆百余里，而且位于川泽纵横、平坦无堰的中原地带，是古代土地肥沃、物产丰富、文化发达的优越地域，且相传是伏羲太皋氏的都城，地理优势尽显。历来被视为中原地区的一块宝地。妫满建国于此，成为开国之君。

　　妫满携太姬到达陈地就封，满怀激情，信心十足。他首先修筑了长城，以抵御外敌入侵；他以周朝的礼义德行教化百姓，使陈国成为礼仪之邦；他选贤任能，扬

插图 5-8-1 陈胡公墓

陈胡公墓，俗称"陈胡公铁墓"，位于河南省淮阳县龙湖东南湖畔。陈胡公死时是"墓而不坟"的年代，而王侯和德高望重的文武大臣，可在陵墓上建拜殿。因此，陈胡公墓室建在水下，地上部分建的拜殿早已存。考古学家在此发现西周陶片和战国板瓦，印证了陈胡公墓和拜殿的建筑。据史书记载，陈胡公墓是用铁汁浇铸而成，所以又叫陈胡公铁墓。三千多年来，这里是海内外华人陈氏祭拜始祖之地。

善罚恶，励精图治；领导国人兴修水利、兴办农业。陈国逐渐昌盛起来，立于十二大诸侯国之林。

陈国风调雨顺，国强民悦，妫满提议为了陈氏兴旺，子孙永昌，陈国人可以国为姓。妫满死后谥号为陈胡公，又称胡公满。他的子孙后代，以陈姓繁衍发展。陈胡公是陈姓的始祖。

陈姓自西周初年诞生于陈国后，以中原为中心地区，繁衍发展，英杰辈出。陈氏宗族文化在华夏文明发展中，有很大影响。陈氏宗族奉行的长幼尊卑的理念、教育后代的思想、爱国尊祖的观念，均是汉族文化中优秀的内容，实践这些内容的陈氏优秀人物，代代相传。

2. 史册名人

陈平，伟大的谋略家。西汉王朝开国功臣，中国最有影响力的宰相之一。少时喜读书，有大志，曾为乡里分肉，甚均，父老赞之，他感慨地说："使平得宰天下，亦如此肉矣！"在楚汉相争时，曾多次出计策助刘邦。汉文帝时，任右丞相，后迁左丞相。曾先后受封户牖侯，曲逆侯（今河北顺平东），死后谥献侯。

陈寔，东汉颍川许县（今河南许昌东）人。初为县吏，曾入太学就读。后任太丘长。党锢之祸起，被连，余人多逃亡，他说："吾不就狱，众无所恃。"自请囚禁。党禁解，大将军何进、司徒袁隗招辟，皆辞不就。陈寔为官清廉。有一年灾荒，有贼夜入行盗，躲在梁上。陈发觉后喊来子孙，正色训道："人不可不自勉，不善之人，未必本恶，习以成性，遂以于此，梁上君子是矣。"此贼羞愧难当，下来跪下叩头请罪。陈安慰一番，并送些银两绢布放走。从此全郡县无盗贼。

陈琳，汉末文学家，"建安七子"之一。陈琳诗、文、赋兼善。代表作《饮马长城窟行》是最早的文人模仿汉乐府之作。散文以表章书檄最有影响，代表作《为袁绍檄豫州文》，是一篇为袁绍声讨曹操的檄文。辞赋有《武军赋》《神武赋》等。原有集10卷，已佚。

陈胜，秦朝末年反秦义军的首领之一，与吴广一同在大泽乡（今安徽宿州西南）率众起兵，成为反秦义军的先驱；不久后在陈郡称王，建立张楚政权。

陈寿，西晋史学家。小时候好学，师事同郡学者谯周，在蜀汉时曾任卫将军主簿、东观秘书郎、观阁令史、散骑黄门侍郎等职。当时，宦官黄皓专权，大臣都曲意附从。陈寿因为不肯屈从黄皓，所以屡遭遣黜。入晋以后，历任著作郎、长平太守、治书侍御史等职。晋灭东吴，结束了分裂局面。陈寿当时48岁，开始撰写《三国志》。《三国志》是一部记载魏、蜀、吴三国鼎立时期的纪传体断代史。

陈后主，南朝皇帝，名陈叔宝。天嘉三年立为安成王世子，太建元年立为皇太子，十四年即位。大造宫室，亲信佞臣，不理政事。恃长江天险，不设边防。祯明三年隋军直入建康，被俘至长安。隋仁寿四年卒于洛阳，追封长城县公，谥号炀。明人辑有《陈后主集》。

陈子昂，唐代文学家。因曾任右拾遗，后世称陈拾遗。少任侠。24岁举进士，以上书论政得到武后重视，授麟台正字。后迁右拾遗。曾因"逆党"反对武后而株连下狱。在26岁、36岁时两次从军边塞，对边防颇有些远见。38岁辞官还乡，后被县令段简迫害冤死狱中。其诗标举汉魏风骨，是唐诗革新的前驱者，对唐代诗歌影响巨大。

陈圆圆，明末清初人。本姓邢，名沅，字畹芬。苏州妓女，吴三桂纳为妾。三桂出镇山海关，留京，李自成农民起义军入京，曾被押。三桂降清，引清军攻陷北京，仍归三桂，从至云南，晚年出家为女道士，改名寂静，字玉庵。清军破云南，自缢身亡，一说绝食而死。

3. 陈国寻根

陈氏发祥地是河南省周口市淮阳县。

淮阳，古称宛丘、陈、陈州，位于河南省东部，地处淮海平原。历史悠久，文化灿烂。6500年前，太昊伏羲氏定都宛丘，创华夏民族远古文明，创下先天八卦和龙图腾，燃升了人类文明的圣火。淮阳历史上曾三次建为都城，三次立国。5000年前，炎帝神农氏在此建都始称陈，尝百草艺五谷，开创了中国农业的先河。三千多年前，周武王封舜后妫满于陈，建陈国。道教始祖老子生于陈国苦县，这里是道家文化的发源地。

淮阳历史的厚重、文化的灿烂令无数先贤大师、文人墨客仰慕而至。孔圣人三访陈地，汉代汲黯卧治淮阳，曹植履祠面圣，李白等一批唐代诗坛之星在此留下佳句华篇，苏轼在此写就传世名篇。文化遗迹随处可见。

太昊陵传说是人祖伏羲氏定都和长眠的地方。陵墓位于淮阳县城以北的蔡河边。太昊陵包括太昊伏羲氏陵和为祭祀他而修建的陵庙，是我国著名的三陵——太昊陵、黄帝陵、大禹陵之一。是一座气势磅礴、规模雄伟、殿图豪华的古代宫殿式建筑群。历来被称为"天下第一皇朝祖圣地"。人文始祖祭祀活动，绵延千年历久不衰。每年的农历二月初二到三月初三，一个月之内，世界各地几百万人，其中特别是寻根的陈氏，涌向太昊陵庙朝圣伏羲。农历每月初一、十五，均有盛大祭祀活动，香客往往日达数十万。太昊陵庙会成为中国规模最大、最古老的民间庙会。

画卦台在县城东北一里处的湖面上，突兀着一座土丘，亭栏溢彩，古柏苍翠。这里就是太昊伏羲氏始画八卦处，故名画卦台，亦称八卦坛，台呈龟形，高2米，面积6600平方米，四面环水，为古陈州"七台八景"之一，名曰"蔡池秋月"。台上庙宇建于何时已失考，庙宇今已不存，那棵柏树挺立如故，传为伏羲栽的八卦柏。

弦歌台，又称厄台、绝粮祠，位于县城西南隅的南坛湖中，台上现存建筑有二门，正殿七间。正殿是主体建筑，飞檐斗拱，上盖绿色琉璃瓦。周有青石方柱二十四根。东周时期，孔子曾三次到陈国讲学，最后一次是公元前489年，楚昭王派人请孔子讲学。孔子讲的是统治者治国的办法，管理百姓的策略，陈国的老百姓很为不满。

孔子和他的弟子走到陈国，百姓就把他们围困在南坛湖小岛上，断吃断喝，孔子师生饿得头晕眼花，只好拔湖中的蒲草充饥。一连七日，孔子还整日给弟子们诵史讲学，百姓们尊称孔子为真"圣人"。后来，陈国人在孔子被围困的岛上建了一座圣人庙，学名叫"弦歌台"，又称厄台、绝粮祠，以纪念孔子三次到陈国讲学的佳话。

　　宛丘古城遗址又称平粮台古城遗址，已有 4500 年的历史，被称为"天下第一城"，位于淮阳县城东南 4 公里处。场址高约 5 米，面积 100 亩，呈正方形，是我国目前发掘出土最早的一座古城址。我国第一部诗歌总集《诗经》里的《陈风·宛丘》以及《东门之枌》《尔雅注疏》《晋书》中均有记载。根据史书记载和地理方位分析，平粮台即是太昊之墟、神农之都的古宛丘都城。在这里出土了大量的珍贵文物，包括原始人使用过的生产工具、生活用品、装饰品，古城墟上有许多原始人住过的土房痕迹，有原始人烧制陶器的窑址残留等。考古工作者对大量的出土文物结合历史文献进行分析考证，一致认定，平粮台古城址和太昊故墟宛丘是一个地方，至此，"陈为太昊之墟""炎帝神农初都陈"等历史文献的记载得到了初步的证实。这座古城时代最早、面积最大、保留最好，对研究我国古代城市的出现、国家的起源、早期奴隶制等重大学术问题，有着重要的价值和意义。

插图 5-8-3 弦歌台

孔子曾三次赴陈国讲学，曾被困七日，后人在其被围困的岛上建弦歌台。弦歌台，又名厄台、绝粮祠，是纪念孔子当年厄于陈蔡绝日弦歌不止而建造的。《史记·孔子世家》等史书都有关于孔子在陈绝粮的记载。淮阳是孔子教泽所及之地，加之孔子在陈绝粮之事，数千年来，世人共知。所以历代陈人建祠纪念，教化后人不忘儒家老祖宗一生的困苦与艰辛。现存弦歌台，为清乾隆四十八年重修。

九

田姓源陈姓

1. 报恩改姓

150

西周初，舜的裔孙妫满被封陈（今河南省周口市淮阳县），建立陈国。陈国传至九世陈桓公时，陈桓公的弟弟佗在陈桓公死后，杀死了太子免，自立为陈厉公。

陈厉公是个酒色之徒，他常跑到蔡国（今河南省驻马店市上蔡县）留宿与表妹私通，蔡国认为这是国家的耻辱，对此不轨行为十分痛恨。但对于远在陈国的国君，却束手无策。这时，原陈国的王族宣也恨陈厉公，他了解到蔡国对陈厉公的不满，就联络蔡国人，杀死了陈厉公，宣自立为王，是为陈宣公。

插图 5-9-1 平粮台古城遗址和出土的陶鬶

淮阳县是中原的富庶之乡，物产丰富，相传太昊帝在此建都立国，春秋战国时是陈国、楚国的都城。6500多年前，太昊伏羲氏在此建都，炎帝神农继都于太昊之旧墟，易名为陈。淮阳是姓氏文化、农耕文化、八卦文化和龙图腾的发源地。平粮台古城址古称宛丘，《诗经》里的《陈风·宛丘》及《东门之枌》《尔雅注疏》《晋书》中均有记载。西周时这里风景怡人，陈国的俊男靓女，常来这里唱歌跳舞，谈情说爱。后来，宛丘古城逐渐被废弃。

陈厉公被杀后，他的儿子陈完自然有所担心，虽然他是陈国大夫，但也很怕受到陈宣公的陷害。正当此时，陈国宫内发生变故，改变了陈完的命运。陈完的父亲虽然被陈宣公杀死了，但他与陈宣公的长子御寇关系好。御寇身为太子却不被父亲陈宣公看好，所以陈宣公晚年想改立太子，要把他与宠妃所生的庶子立为太子。这样做必先除掉现太子御寇，于是，太子御寇被他的亲爹陈宣公借故杀死了。

陈完为好朋友御寇被害悲痛万分，更为自己的命运担心，一个连亲生儿子都要杀害的国君，何况对一个小小的大夫呢？于是陈完联络心腹，商议好办法，选好时机，带上家人出逃了。陈完跑到了齐国。

齐桓公对陈完的贤德品格早有所闻，陈完到齐，齐桓公非常高兴，热情欢迎，待为上宾，并且封官赐邑。陈完被任"工正官长"之职，这是个管理工匠工程的官员。

陈完在工正官长的职位上，忠于职守，勤政为国，不但得到齐桓公的称赞，也受到齐国百姓的拥戴。陈完确实很优秀，他不但把齐国大事做得很到位，而且把自己的封邑之事处理得十分得当。陈完领导封地的百姓，挖渠引水，开垦农田，发展生产，年年丰收。百姓安居乐业，对陈完充满敬意。

陈完在这百事顺利之时，不忘齐国对自己的恩德，就向封邑的百姓表达了自己的一种心愿，以齐国为家，以田为家，平平安安生活，决定把陈姓改为田姓。他的倡议得到了大家的拥护。自此，陈完改叫田完，他成为中华姓氏史上的田姓第一人。

2. 田姓名家

田姓人代代相传，名人涌现，在历史进程中起到了重大作用。

田单，齐国人，是我国古代善于运用军事思想和心理指导作战的杰出军事将领。曾任齐都临淄的市掾（秘书），赵国将相。公元前284年，燕国大将乐毅出兵攻占临淄（今山东淄博东北），接连攻下齐国72座城池。最后只剩了莒城（今山东莒县）和即墨（今山东平度市东南），田单让家人把车上露出轮外的车轴全部锯掉，包上一层铁皮，车轴短而牢实，故而能顺利跑出重围。田单趁夜晚，选出牡牛千余头，穿上绛色绢衣，画上五彩龙纹，牛角绑匕首，牛尾拴浸油的芦苇，城墙下挖洞。一声令下，点燃芦苇，牡牛破洞奔出，向燕军大营冲去。燕军将士猝不及防，人仰马翻，一片惨叫，军营成了火海。田单率精兵五千跟在火牛后面，冲入敌营，如入无人之境。齐军倾城而出，乘胜追击，齐国所失72座城池得以收复。齐王封田单为安平君，掌相国大印。

田文，战国时齐国名臣齐国贵族，四公子之一。因封于薛（今山东滕县东南），又称薛公，号孟尝君。他轻财下士，门客三千。秦昭王时曾入为秦相，不久逃归，后为齐湣王相国。曾联合韩、魏击败楚、秦。齐湣王七年（公元前294年）因贵族田甲叛乱事，为湣王所疑，谢病归薛，不久出奔至魏，任相国。曾西合秦、赵与燕共伐破齐。齐襄王立，孟尝君遂保持中立，不久复与莫联合相亲。死后诸子争立，领地薛为齐、魏共同攻灭。

田横，齐王田荣的弟弟，秦末群雄之一，原为齐国贵族，在陈胜、吴广大泽乡起义后，田横与兄田儋、田荣也反秦自立，兄弟三人先后占据齐地为王。后汉高祖刘邦统一天下，田横不肯向刘邦称臣，率500门客逃往海岛躲避。刘邦派人招抚，田横不从，乘船赴洛阳。行至距洛阳30里地，自杀而死。逃往海岛500部属听说田横的死讯，不愿降汉，集体自杀。后来这座岛人称"田横岛"。

田承嗣，平州卢龙（今属河北）人，唐末时军阀，为河北割据势力，也曾两度叛乱，死后由其侄田悦继位，曾一度自称魏王。

田光，燕国著名的侠士，他结识燕太子丹后，曾把荆轲推荐给太子丹以谋刺秦王政。太子丹要田光保证不泄密，田光便抽刀自尽，让太子放心，又激励了荆轲。

陈完虽改姓田叫田完，但他的祖根在河南淮阳不会改变，所以，追本溯源，田姓之本是陈姓，陈姓之源在淮阳，淮阳是天下田姓人的寻根之地。

太康袁姓

1. 辕姓改袁姓

　　周武王灭商以后，要追封前代圣王的后人，找到了舜帝的后裔妫满。周武王把大女儿元姬嫁给他，封他到陈地（在今河南省周口市淮阳县）为陈侯，让他奉守舜帝的宗祀。妫满的后裔有一位叫涛涂的，是陈国声名显赫的大夫。因其祖父妫满的第十一世孙名叫诸，字伯爰，涛涂便以先祖之字为姓，叫爰涛涂。因"爰"和"辕"同音，就改为辕涛涂。辕涛涂的封地在夏阳（今河南省周口市太康县）。

　　春秋时期，齐楚在中原地区争霸时，总要胁迫一些弱小的诸侯国帮助作战。这些小诸侯国明知是当"炮灰"，但却不敢不从。这一年，齐国又要迎战楚国，陈国被迫出兵相从，率军将领就是辕涛涂。激战中，齐、楚双方都有伤亡，难分胜负。满腹韬略的辕涛涂向齐桓公请求，让他去楚营议和。齐王看到战争形势于己不利，便答应了议和之策。

　　辕涛涂到楚营见到楚王，陈述齐楚交战双方损失的惨状，表明议和态度。这正中楚王之意。于是，双方停战，随即签订了盟约。双方都认为辕涛涂是稳定大局的功臣。

插图 5-10-1 太康墓

太康，启的儿子，夏朝第三代国王，死后葬于今太康县城东南 2 里许。太康县因此得名。墓占地面积约 600 平方米，陵墓高 2～3 米，陵碑坐北朝南而立，上面雕刻着夏王太康的墓志铭。据《太康县志》记载，此墓古时极高大，曾多次被挖掘，历代重修过。墓前立有青石碑，内藏金雀，碑高 6 尺、宽 2 尺半、厚约 6 寸，刻有甲骨文篆字。

齐国要班师回朝了，辕涛涂马上意识到，齐军退兵回国，必经陈国，这样不仅扰乱了本国百姓的正常生活，还要为齐军提供粮草，而且怕齐国陡生变意，陈国定会吃亏。于是，他心生一计，对齐桓公说，陈国正流行瘟疫，疫情严重，齐军回国若取道陈国，怕对齐军不利，应绕道而行。齐桓公害怕了，马上下令绕道回国。

齐桓公返国之后，得知陈国并无疫情，十分恼怒，气愤在心，就把气撒在了辕涛涂身上，立即下令抓捕，要杀了他。辕涛涂在齐军中威信很高，众人力求赦免他，齐国不能杀有功之臣。齐王就先把他关押起来，又把气出在陈国，兴兵伐陈。陈国无力抵抗，派人议和，答应割地进贡。陈国的条件是必须放回辕涛涂。齐王也应允了。

辕涛涂回到陈国，受到上至国君、下至百姓的热烈欢迎。辕涛涂回到封地阳夏（今河南省周口市太康县），从此，世居于此，安居乐业。至秦末，陈国被灭后，辕涛涂的裔孙辕政，避难到河洛之间，改"辕"为"袁"，袁姓正式定姓，袁政成为袁姓第一人。

2. 袁姓英才

袁姓诞生两千多年来，世代繁衍生息，逐渐成为望族，出了许多杰出人物。

袁绍，东汉末年河南汝阳（河南周口市商水县）人，出身豪门，历任司隶校尉、虎贲中郎将等职。汉灵帝时，袁绍与何进密谋诛杀宦官，泄密后何进被杀，他捕杀宦官两千余人。他又与曹操联合讨伐董卓，后来成为冀、青、幽、并四州的盟主。

袁安，东汉名臣，河南汝阳人。他客居汝阳时，有一年大雪成灾，很多人都出门要饭。洛阳令巡视灾情时，发现唯有袁安僵卧于家中，宁肯受冻挨饿，也不愿麻烦他人。洛阳令佩服他的贤德，举为孝廉。

袁宏道，明代著名文学家，"公安派"创始人之一。号石公，又号六休。在文学上反对"文必秦汉，诗必盛唐"的风气，提出"独抒性灵，不拘格套"的性灵说。与其兄袁宗道、弟袁中道并有才名，合称"公安三袁"。

袁崇焕，字元素，明末军事家。万历四十七年（公元1619年）中进士，入兵部，守卫山海关及辽东，指挥宁远之战、宁锦之战。但不救朝鲜、擅杀大将仍触兵家大忌。后被崇祯帝以诛杀毛文龙、己巳之变护卫不力及擅自与后金议和等罪名而被正法。

袁姓的寻根之乡在太康县。太康县地处淮水系的涡河上游，古称阳夏，是中华民族古老文化的发祥地之一。

太康县具有悠久的文明历史，自古以来物华天宝，人杰地灵。境内方城、槐寺、陶母岗等八处为新石器时代仰韶文化和龙山文化遗址。五六千年前就有人类在这里农垦渔猎，繁衍生息。史料记载，夏启之子太康曾迁都于此，筑城定居，死后葬于城东南2里处，太康陵墓今犹存。秦王嬴政二十三年（公元前224年）始置阳夏县。隋开皇七年改阳夏县为太康县，沿袭至今。

太康县是秦末农民起义领袖吴广的故乡，还诞生了一代大文学家应场，他在文学上的成就显赫，成为"建安七子"之一。这里是东晋政治家谢安的祖籍，他在泗水之战中，创造了战争史上以少胜多、以弱胜强的典范战例。在中国古代文坛上，太康的"阳夏六谢"成就卓著，女诗人谢道韫有"咏絮才女"之称，谢灵运是我国山水诗歌鼻祖。

项子国项姓

1. 因地得姓

周武王灭商立周后，任儿子季毂为虎贲中郎职，在周武王伐纣的牧野大战中立过功。周武王去世后，周成王把叔父季毂分封到项地（今河南省周口市项城市），建立项国（治所在今河南周口市沈丘县）。项国属子爵国，称为"项子国"。这个小国叫项是有一定原因的。中原北临黄河，南控长江，进可以攻退可以守，自古以来就是兵家必争之地，得中原者得天下，失中原者失天下。这个地方地处中原腹地，如同人的咽喉、颈项一般，地理位置十分重要。周天子把这**个地方分**封给同姓子弟，目的就是要**他能够紧**紧掌握这个咽喉要道，**为周朝监控东方各**国。"项"的本**义就是颈**的后部，也就是脖子的后部，**设置**项国，其重要性可见一斑。

项子国与鲁国关系疏远，与楚国关系很好。《左传·传公十七年》载，公元前643年鲁国在淮与齐、宋、陈、卫等国会盟后，派军队攻伐项子国，但楚国距项子国远，无能援助，终于被鲁国灭掉。东周战国时期，楚国灭掉鲁国，项地遂并入楚国。楚成王芈恽把项地封给庶子芈燕，建立了新的项国以便稳固统治。芈燕后裔遂以国名为氏。

项氏在历史的长河中不断发展，其中不乏可歌可泣的人物。

插图 5-11-1 彩绘陶方壶（秦汉时期）

彩绘陶工艺上不同于原始社会的彩陶。彩陶是在陶坯上先绘画后烧制，而彩绘陶则是在烧成了的陶坯上绘画，因而花纹容易脱落，一般用作随葬名器。战国、秦汉是彩绘陶极盛时期，其纹样，多都模仿当时社会上流行的一些高级奢侈品，线条粗犷，用笔灵活，色彩富于变化。彩绘陶的古拙质朴，飞扬的云气，禽鸟走兽，赋予了劲健的生命力，画面满而不乱，多而不散，密中求疏，疏中有密。在彩绘风格上，战国彩绘陶流丽生动，热烈奔放；秦汉彩绘陶崇尚凝重精雅的神韵，画面铺天盖地，色彩富丽绚烂。

2. 项氏名人

项羽，出身于楚国将门，公元前209年9月，与叔父项梁举旗起义，逐步发展壮大，复立楚国。击秦援赵解巨鹿之围，破釜沉舟降秦将章邯，楚汉争霸划鸿沟为界，英雄一路，却血洒乌江，结束了悲剧人生。

项斯，唐代诗人。早年隐居朝阳峰，饮泉枕石，长哦细酌，凡三十余年。诗人张籍对他很是赏识。另一诗人杨敬之曾赠其诗，有"生平不解藏人善，到处逢人说项斯"句。

项元淇，明代文学家、书法家，诗文俱佳，尤善草书，有《少岳山人集》。

项忠，明朝政治人物，进士出身，历官陕西按察使、右副都御史等职，官至刑部尚书、兵部尚书。破石城敌，大小三百余战，皆亲冒矢石，毫不畏惧。明英宗正统七年（公元1442年）进士，授刑部主事，进员外郎。十四年，随英宗北征蒙古瓦剌，于土木堡（今河北怀来县西）被俘，敌人命他喂马，他乘间挟两马南奔，马疲，徒步七昼夜始归。

项名达，清代数学家，道光年间进士，授官知县，不就，转攻数学，有《勾股六术》《三角和较术》等著作。

3. 项地文化

项氏祖先源自沈丘县，寻根地为河南省周口市沈丘县。

沈丘县，位于豫皖交界处，居颍水中游。沈丘历史悠久，自古就有"梁宋吴楚之冲，齐鲁汴洛之道"之称。境内的乳香台、青固堆、东冢等古迹均为新石器时代的文化遗址。县城槐店回族镇西郊，西周时为项子国都，今县境南部，春秋时属楚之寝丘邑。从西周建项国至今，已有约三千余年的历史。

秦置项县，东魏改秣陵县，隋改项城县，明置沈丘县。沈丘是以周朝的沈国为名的，沈丘意为沈国废墟。

周兴嗣，字思纂，南朝陈郡项（今河南省沈丘县槐店镇西赵古台村。南朝时，项县治所在今槐店镇西郊赵古台，当时槐店称槐坊店，赵古台称赵台）人。周兴嗣出身世家，是西汉太子太傅周堪的后代。周兴嗣祖居赵台，西晋"永嘉之乱"后，迁移到江南姑熟（今安徽当涂县）。周兴嗣13岁开始离家，只身到齐朝京师建康（今江苏省南京）游学十余载，他博览群书，通晓古今，常与江南名士唱和，以其文采飞扬，"才学迈进"而名重一时。在历代为官中他曾协助编撰国史，为皇帝撰写文稿。他所编写的《千字文》在中国书法史上也有独特地位，是历代各流派书法家进行书法创作的重要载体。隋唐以后，著名书法家均有不同书体的《千字文》作品传世。

华佗冢位于槐店镇西南角，沙河南岸，相传东汉末年名医华佗就安葬在这里。冢南一华里处有个村庄叫华佗寺。

东汉公元147—167年间，项县一带瘟疫流行。正巧华佗带领徒弟游乡行医路过。

东、西小楼村瘟疫最重。华佗决意先急救两村病人，但患病人家无钱买药。华佗和徒弟用土方熬药，挨家挨户医治。药到病除，瘟疫治住了。西小楼几户有钱人家中，巫婆、神汉焚纸烧香，但瘟疫越来越重，只得把华佗请过来。瘟疫才给治下去。人们都称华佗是"神医"。

后来，华佗到许都（今河南许昌）给曹操治病，被害死。他的徒弟们得知后，买通狱吏，收殓师父遗体，为躲避官府追查，经商议葬到一徒弟家乡江苏彭城。华佗的灵车从许都出发，行至项县（治所在今沈丘槐店镇）时，大雨滂沱，数日不止，只得停下。华佗曾救过命的东、西小楼村的村民得知，成群结队去要求把华佗安葬在这里。大雨不停，气温又高，路程尚远，华佗的徒弟们就答应了他们的要求。沙河南岸的一块高地被选为墓地。下葬那天，十里八村的男男女女，披麻戴孝送葬，哭声传播十里。封土时，有的用筐抬，有的用衣包，有的用盆端，三天三夜就堆起一座大坟冢，人们称它为"华佗冢"。

后人在坟冢南分建了华佗庙，名叫佗庙，后又叫华佗寺。

槐店清真寺是中国伊斯兰教古寺，原名"至元寺""老寺"，坐落在河南省沈丘县槐店镇东关。据《沈丘县志》载：该寺为元世祖至元十年（公元1273年），由来华的波斯人阿力所建。明嘉靖三年（公元1524年）重修，后来西北回民迁居该县，清真寺加以扩建。明崇祯年间遭兵燹。清顺治以后，山西洪洞籍马辉及子孙又陆续重建，于清康熙四十二年（公元1703元）完工，属中国殿宇式古典建筑。南北讲经堂各悬"德步桑林""功补造化"匾，为清光绪二年（公元1876年）伊玛目杜宽所题。大殿中央悬挂阿、汉两种文字匾两块。中文匾书"道遵独一"，为清廷侍卫马廷襄所赠，阿文匾书有库法体"泰斯米叶"。据寺存古碑记载，该寺为豫东始建第一座，其建筑格局独树一帜，吻兽装饰和雕刻图案精美。

插图5-11-3华佗刮骨疗毒图（选自日本浮世绘里的三国人物）

画面绘画神医华佗为武圣关羽"刮骨疗毒"的场景。关羽勇武坚毅的大将风度与华佗妙手回春的医术均生动展现在读者面前。该画浓墨重彩，更增添了情感景境。浮世绘，是日本的风俗画、版画称谓。又常被认为专指彩色印刷的木版画（日语称为"锦绘"），也有手绘的艺术作品。这种画兴起于日本江户时代（公元1603—1867年），也叫德川幕府时代，它是独特民族特色的艺术奇葩，是典型的花街柳巷艺术，主要描绘人们日常生活、风景、演剧。历经三百余年，其艺术魅力影响了欧亚各地。浮世绘具有很高的艺术价值。

图书在版编目（ＣＩＰ）数据

中原历史文化系列丛书．寻根 / 李鸿安著.-- 北京：
中央民族大学出版社，2016.12（2018.3 重印）

ISBN 978-7-5660-0658-5

Ⅰ．①中…Ⅱ．①李…Ⅲ．①文化史—河南省②姓氏
—文化史—河南省 Ⅳ．① K296.1② K810.2

中国版本图书馆 CIP 数据核字（2014）第 001674 号

寻根

著　　者	李鸿安
责任编辑	戴佩丽
装帧设计	汤建军
出 版 者	中央民族大学出版社

　　　　　　北京市海淀区中关村南大街 27 号　　　邮编：100081

　　　　　　电话：68472815（发行部）　　　　传真：68933757（发行部）

　　　　　　　　68932218（总编室）　　　　　　68932447（办公室）

发 行 者	全国各地新华书店
印 刷 厂	北京宏伟双华印刷有限公司
开　　本	880×1230（毫米）　1/16　印张：10.25
字　　数	320 千字
版　　次	2016 年 12 月第 1 版　2018 年 3 月第 2 次印刷
书　　号	ISBN 978-7-5660-0658-5
定　　价	80.00 元